JN289090

トラック運送企業のイノベーション

新サービス創造に関する実証研究

森田富士夫【著】

Contract Carrier Innovation

Morita Fujio

東京 白桃書房 神田

はじめに

2007年夏の米国におけるサブプライム・ローン問題の表面化は、日本経済にも影響を及ぼしました。さらに2008年9月のリーマンショック以降、あらゆる業種で荷動きが低迷し、トラック運送事業者は厳しい経営を余儀なくされています。トラック運送業界の景気回復がいつになるのか、先行きの見通しが不透明です。また、景気が完全に回復したとしても、国内貨物総輸送量が元に戻る可能性は低いと予想されます。つまり、これからは市場が縮小する中で、いかに事業を発展させて行くかを考えるしかありません。

すでに何度も言い古された言葉ですが、ただ運ぶだけでは事業の発展どころか、事業の継続も厳しくなってきています。「ただ運ぶだけではダメ」というのは、決して色あせた言葉ではありません。今こそ改めて実感として受け止め、そして実践しなければならない言葉なのです。

たとえ運ぶことを主体にした事業形態であっても、積載率、実車率、回転率を高めるような荷物（荷主）の組合せ。運ぶだけではなく、関連する他の業務との組合せによる受託範囲の拡大。流通構造の変化を先取りした新しい物流システムの創造。同業者との提携によって、1社では不可能でも共同すれば可能なサービスの構築。ニーズの細分化に対応した派生的なオリジナルサービスの創造。運輸に密接に関連した隣接事業分野への進出。その他、創意工夫して収益性の高い事業形態を築いて行くことが、勝ち残りのために必要な条件になっています。

では、それらを実現するには、どのようにすれば良いのでしょうか。

総ての企業に当てはまるような共通モデルはありません。薬でもそうですが、処方箋は個人によって違うのです。トラック運送事業者も立地条件、主要荷主の物流特性、現在の業務形態、企業規模、得手・不得手、経営資源、人的制約その他、さまざまな条件が異なりますから、自社に合った方向性をそれぞれが自分で見いだして行くしかないのです。

しかし、そのための参考となる事例はあります。他社の単純な模倣では成功しませんが、他社の具体的な事例をヒントに、自社の諸条件に応じて応用し、創意工夫をして独自のサービスを創造することは可能です。そのためのヒントを得ていただくことが、本書を執筆した第一の目的です。

全日本トラック協会は２００６年度と07年度の２カ年にわたって、「中小トラック運送事業者の収益向上のためのインセンティブ施策助成事業」を行いました。この助成制度は、①積載率向上、②同業他社との業務提携構築等、③提案型の物流一括請負、④ユニークビジネスの開拓、⑤前記以外の創意工夫など、いずれも収益向上を図る事業の他、さらに⑥収益向上を図れるモデル作成事業も助成の対象にしたものでした。

06年度は保有車両数30両以下または従業員数50人以下を対象とし、07年度は50両以下または１００人以下にまで対象を拡げ、最高３００万円を助成するというものです。06年度は23社が、また07年度には38社が、助成金額には差がありますが認定されました。

筆者は、同助成事業に認定された事業者のうちの50社以上を直接訪問して取材しています。これらの事業者は、自社のおかれた諸条件を前提に、それぞれに独自の創意工夫を凝らして収益性の向上に努力していました。本書では、その中から筆者の基準で16社を撰んで紹介しています（基本的には取材時点での数値等になっています）。

同助成事業に認定された50社を超える事業者の取材を通して見えてきたことがあります。それは、具体的な取組みは各社各様で違いますが、共通するいくつかのタイプに分類できるということです。そこで本書では、地場産業密着型、提案パートナー型、流通構造変化対応型、アライアンス型、オリジナルサービス創造型、関連事業進出型に整理・分類してみました。そして、それぞれの事例ごとに分析とポイントをまとめ、さらにタイプごとの特徴や狙いなどについても解説しています。事例をまとめるに当たっては、フローチャートも添えて、サービスの概要が視覚的にも理解できるように心がけました。

筆者は約4年前の２００５年9月に、白桃書房より『トラック運送企業のマネジメント―経営戦略に関わる実証的研究―』を刊行しました。これは長年の取材を通して蓄積した優れた企業の具体的事例を基に、特殊的で個別的な事例の中に含まれている一般的で普遍的な要素を抽出し、簡単な教科書風にまとめたものです。まず最初に、個々の事例を帰納的に分析することで得られた核となる要素を出発点とし、再び演繹的に展開することで一般論化し体系化する、という手法を試みたものです。

幸いにも、同書は昨年（08年）11月に第5刷が発行になりました。それだけ多数の皆様にお読みいただいているのだろうと思います。

中には、セミナーの講師で呼ばれた時に、同書を持参して出席してくれる事業者の方もいます。そのような方々が共通して言われることは、物流やロジスティクスの冠がついた書物は多数あるが、トラック運送事業を正面から取りあげてくれる本は少ない、ということです。暗に新著の執筆を催促されていたわけですが、それだけトラック運送企業経営の参考になるような書物を望んでいる、ということでもあります。

手前味噌になりますが、前書は一般貨物自動車運送事業を実証的に理論化した書物としては、かなり完成度の高いものになっています。すでに約4年が経っていますが、トラック運送企業のマネジメントの要諦は、前書で述べた内容が現在でも基本的に変わっていません。あくまで実証的なスタンスからという前提ですが、前書を超える内容の本を書くことは難しいというのが正直なところです。

しかし、トラック運送事業を正面に据えた書物を要望する事業者の方々に、新しい書物を提供したいと常に考えていました。それが本書を執筆した第二の理由ですが、執筆に当たっては、前書とは異なる手法にしました。個々の事例に含まれる一般的な要素、すなわち多くの方々の参考となり、応用できる要素をそれぞれに抽出して解説する、という手法です。

そこで本書では、具体的事例の紹介を中心に据えました。取りあげた事例は総て08年9月のリーマンショック以前に取材したものです。その後、経営環境は一変しましたが、新しい経営条件の下でどのように事業展開して行かなければならないか、という点では本質的な要素は何ら変わっていません。

したがって、本書で紹介した事例から得られるヒントは依然として有効です。

このようなことで本書は、前書『トラック運送企業のマネジメント』の事例編という内容です。また、「中小トラック運送事業者の経営戦略」のパート2という位置づけでもあります。

本書が、真面目に事業経営に取り組んでいる多数のトラック運送事業者の方々の、経営改善のために多少なりとも参考になれば幸いです。

本書では取りあげなかった事業者の方々を含めて、今日まで取材にご協力いただいた総ての皆様に改めてお礼申し上げます。

目　次

Ⅰ．地場産業密着型

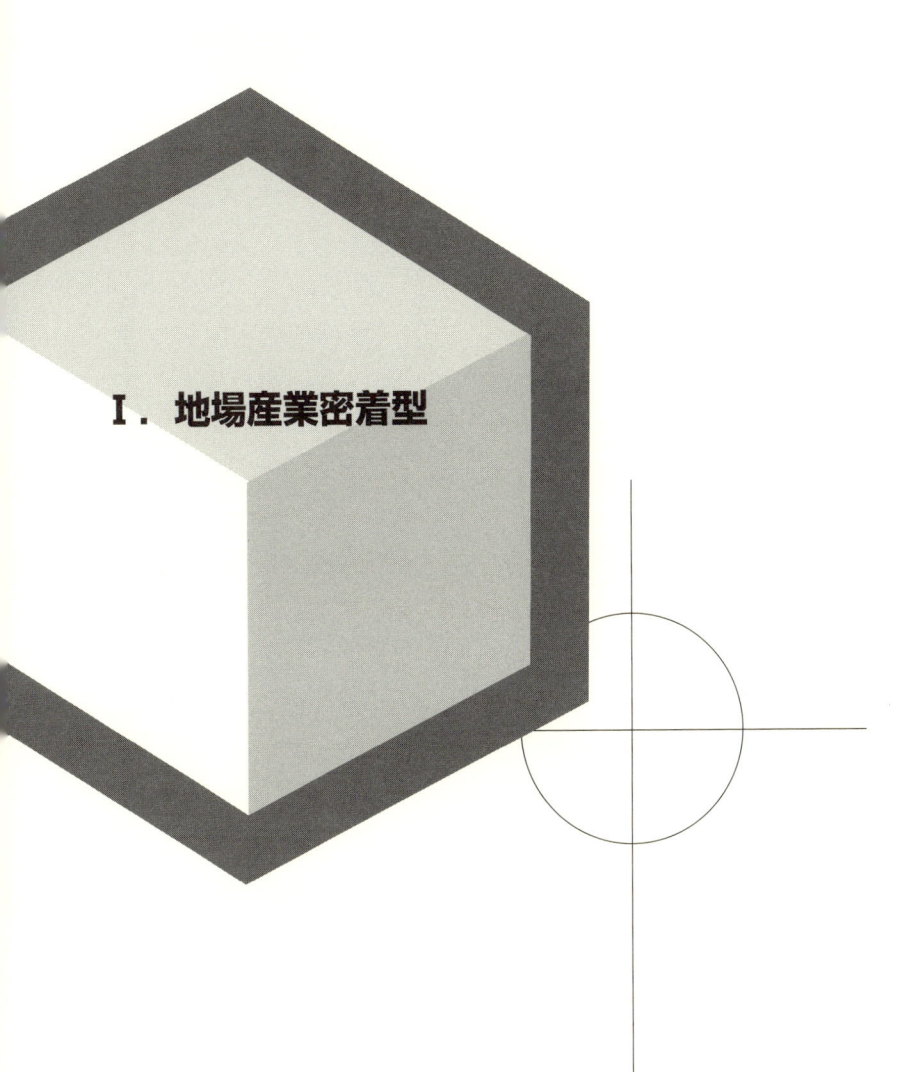

独自のサービスの仕組みを創造し、収益向上を図っていくための方法の1つは、地元の経済の特徴を良く知ることです。

中小規模のトラック事業者の場合、やはり地元から出る荷物が重要です。とくに地方の中小事業者の場合ですと、発の荷物は限られた地域から見つけるしかありません。もちろん、営業区域規制がなくなった今日では、どこから荷物を積んでもかまいません。しかし、ドライバーの労働条件や車両管理、集荷効率その他の面からみて、発の荷物では地元の荷物を確保することが一番良いでしょう。

地元から出る荷物を増やそうとすれば、当然ですが、営業の対象となる地元の荷主企業を知らなければなりません。近くに工業団地などがある地域なら、さまざまな業種の工場が集まっていますから別ですが、そのような大きな工場などがない地域で地元の荷物を開拓するためには、地元の経済の特徴を良く知ることが重要です。これは自分のマーケットを知る、ということでもあります。

農林水産物など1次産品が主な地域であれば、農産物の流通経路、水産物の流通経路などを良く調べることです。そうしますと、従来から請けていた業務以外の、新しいサービスを発想することができるかも知れません。

また、これは後述するように流通構造変化対応型に分類しましたが、農産物や水産物などの場合、昔からの市場流通では物流の仕組みがすでに確立されています。荷物を取り扱うトラック運送事業者の勢力分布といったものも強固に形成されていますから、そこに参入するのはなかなか困難です。下請けや孫請けとして入るか、あるいは安い運賃で切り込むかしかありません。すると、新規開拓してたとえ売上増加にはなったとしても、利益率などは非常に低く、経営内容を改善することにはつながりません。むしろ、結果的には自分〝達〟の首を絞めることになってしまいます。

しかし、市場外流通はまだ戦国時代と言っても過言ではありません。市場外流通における物流システムの構築は、これからの課題になっています。つまり、チャンスがあるということですが、この事例は流通構造変化対応型のところで紹介することにします。

そこで主に2次産業について見てみましょう。地元経済の特徴で最も典型的なのは、昔から連綿と地元の経済的基盤を支えてきた地場産業です。地場産業という場合、その多くは中小企業です。中には地場産業から企業規模を発展させて大企業に成長し、その地域がその会社の企業城下町のようになっているケースもありますが、たいがいは地場産業というと町工場的な中小製造業が集積している場合が多いと言えます。

この地場産業には長い歴史があり、その時々の時代環境の変化に対応して自らも変化しています。時代は常に変化していますから、地場産業も絶えず変化しているわけです。したがって、これら地場産業の物流ニーズも変わりつつある、ということです。

このような地元の荷主企業のニーズの変化を把握し、そのニーズに合った新しいサービスが創造できれば、事業の発展につながります。

このような視点から、ここでは地場産業密着型で収益向上を目指してチャレンジしている事業者の事例を紹介し、その事例で優れている着眼点やサービスの仕組みなど、ヒントになるポイントを見ることにしましょう。

中小事業者を取材していると、実は地場産業密着型で成功している事例が多く見られます。ここでは、伝統的な地場産業である多数の部品製造会社の積合せ輸送を推進している事例、歴史ある繊維産業が時代の変化の中で変貌しつつある中で、これら中小の地場産業の共同の物流プラットホーム化を目指している事例、地元の特徴ある産業間を結びつけることで、物流サービスの多様化を進めている事例を取りあげてみました。

1 地場産業の荷主対象に積合せ納品などをシステム化

T社は滋賀県長浜市にあります。設立は1973年です。

T社のトラック保有台数は18台（大型ウィング車7台、4t平ボディ車2台、4tアルミウィング車5台、4t幌ウィング車4台）で、従業員数は18人です（取材時点）。このうち幌のウィング車は積載重量を多く取れるようにするため、ボディ重量の軽量化を目的に導入しています。

主要な輸送品目は農機具の部品、家電の部品と一部製品などです。その他にもデジタル製品関連部品、化粧品容器関連なども運んでいます。これは地元の地場産業を主たる荷主として事業を展開してきたからです。

長浜市は、かつては大阪の堺と並ぶ火縄銃の生産地でした。国友鉄砲鍛冶集団がありました。詳細は割愛しますが、時代の変遷の中で、その後は鍛冶の伝統的技術を受け継いで、板金工場などとして今日に至っています。このため機械部品製造の中小企業が多く存在するのです。

また長浜には、繊維の地場産業として浜ちりめんもありますが、部品製造業は繊維とともに地元経済で大きなウエイトを占めています。このようなことから、T社はこの地場産業の部品製造会社を主たる荷主として運送事業を行ってきたのです。

T社の輸送エリアは、滋賀県内をはじめとする近畿圏内が圧倒的に多く、全体の80％強を占めています。次は静岡県沼津市への輸送で10％弱、その他、岡山県や福井県小浜市などへの輸送もしています。

T社は、倉庫を新設して沼津方面への荷物を積み合わせることによって積載率の向上を図りました。同時に、沼津方面からの帰り荷の開拓で実車率を向上するような仕組みも構築しましたが、この取組みは他の事業者にとっても参考になる好事例です。

その仕組みを紹介する前に、まずT社のメインになっている地場輸送の業務内容から見ることにしましょう。

複数荷主の積合せシステムによる輸送効率化を約15年前から提案

T社では輸送の効率化を提案して荷主を開拓するといった営業展開を、比較的早い時期から行ってきました。たとえば農機具の部品輸送のケースをみますと、いわゆるミルクラン方式を今から17、18年ほど前に提案して採用され、現在でも行っています。

琵琶湖の周辺には、ある大手農機具メーカーの工場がいくつかあります。一方、これらの工場に部品を収めている一次加工、二次加工などの部品メーカーが、長浜市や米原市周辺に何社も存在しています。これら複数の部品メーカーと、農機具メーカーの複数のアッセンブリ工場を巡回しながら部品集荷・納品を行うシステムを構築したのです。

T社が巡回方式を提案する以前は、部品メーカー各社と貸切契約をして、農機具メーカーの工場への納品業務を行っていました。2t車や4t車の貸切ですが荷物量にバラつきがありました。運送事業者側からしますと、貸切契約なので荷物のバラつきによる輸送効率の低さは関係ありません。しかし、バブル経済崩壊後の景気低迷の中で、荷主である部品メーカーに輸送コストの削減を提案したのです。従来通りの貸切契約なら定額収入が保証されていましたが、積合せにすると収入も一時的には減ることになります。しかし、長い目で見ると効率的な積合せシステムに転換した方が事業者自身にとても良い、というのが経営者の判断だったのです。

この巡回方式は、現在でも大型車1台と4t車2台で行っています。部品メーカー3社から集荷した部品を、農機具メーカーの2カ所の工場に納品します。さらに農機具メーカーの工場から中間部品を運んで行く二次加工の工場が2社あり、この二次加工の工場と部品メーカーの間でも中間部品のキャッチボールがあったりします。これらを巡回しつつ、午前と午後に集荷や納品を繰り返すのです。

運賃は出荷する各社の負担で、同社はこれら複数のメーカーに運賃を請求しています。このシステムは17、18年前に提案して採用されました。

同じようなミルクランのシステムは、家電部品の分野でも行われています。ある大手家電メーカーの工場が彦根市にありますが、この工場に部品を納入している部品製造メーカーが長浜市に3社あります。さらに家電メーカーの工場の協力工場や、部品メーカーの協力会社なども含めて、限られた地域内での部品の複雑な流れを巡回輸送システムの中に組み込みました。それによってトータルの輸送効率化を図ったのです。また、この家電メーカーの関連会社である冷機メーカーの工場も草津市にありますので、同様の輸送サービスを提供しています。

輸送効率化の提案によって荷主を新規開拓した事例をもう1つ紹介しましょう。T社では、長浜市と多賀町にあるエンジン発電機用の部品メーカー2社の荷物を、横浜にある同一の納品先まで4ｔ車で週2便運んでいます。これは12、13年前にT社が輸送効率化を提案し、新規に取引を開拓した仕事です。T社が提案する以前は、両社とも路線便を利用して部品を納品していました。しかし、運賃が割高になりますし、時間指定も難しく、さらに部品を入れる通い箱の回収という問題もありました。

路線便を使っていたことでも分かるように、2社ともチャーター便で運ぶほどの荷物量ではありません。そこでT社では、両社の荷物を4ｔ車に積み合わせて週2回運ぶことを提案しました。

ここで興味深いのは、運賃は車建てのチャーター契約とし、T社からの請求金額ならびに請求書は1本化したことです。荷主2社それぞれの運賃負担配分は、その月に使用したトラックのスペースの割合に基づいて荷主同士が協議して決める、という方式です。

沼津便は倉庫活用で積載率を向上し燃料代も年間約250万円削減

それでは、倉庫を建設することで効率化を図った沼津便の事業内容を紹介しましょう。T社では以前から、地元の荷主2社からでる荷物を静岡県沼津市に輸送していました。荷主2社とはそれぞれ貸切契約をしており、荷主A社はA社だけの荷物を積んで沼津に輸送し、その日によって1カ所ないしは2カ所に納品していました。同様に荷主B社についてもB社だけの荷物を積んで沼津に行き、やはりその日によって1カ所ないしは2カ所に荷物を降ろして帰ってくるというパターンです。

A社、B社とも4t車の貸切ですが、いずれも平均的な積載率は60%程度でした。また沼津からの帰りは、たいていは空車で帰ってくるという状態でした。沼津に荷主があって長浜に運ぶ荷物もあったのですが、上手く帰りの車両に積めるとは限らず、沼津の荷主の荷物は、わざわざ空車で引き取りに行って長浜に運んでくるということもありました。

そこでT社では、2006年10月に新社屋ならびに荷物を保管できる倉庫を建設したのです。そして、この保管スペースを活用することで、荷主A社と荷主B社の荷物を積合せして輸送の効率化を図ったのです。その結果、同じように長浜から沼津へ荷物を送っていた荷主C社も開拓することができました。

新しい仕組みでは、荷主A社ならびに荷主B社の工場倉庫に荷物を引き取りに行き、自社倉庫でA社とB社の荷物を積み合わせるようにしました。新たに取引を始めた荷主C社は荷物量が少ないので、①A社とB社の荷物と積合せができる時には積み合わせて運ぶ、②傭車にした方が良い場合には外注、③C車の荷物だけ専属で運ぶ、という3つの選択肢から状況によって判断しています。

地元から沼津への便は積載重量が3ｔ取れる車両と積載重量が4ｔ取れる車両を1日交代で運行します。沼津からの帰り荷は、従来からの自社の荷主以外にも、同業者との提携によってコンスタントに確保できるようにしました。これまでは特別に引き取りに行くこともあった沼津の荷主の荷物も、帰りの積合せに組み込むようにしたのです。なお、この荷主の運賃は、従来と同じ金額で契約しているといいます。

２００６年10月からこのようなシステムに移行したことにより、収益性の向上は顕著です。まず、月間の延べ車両数では、以前はA社ならびにB社を合わせると月35台の車両を稼働していました。ところが積合せ方式に移行した後の延べ車両数は、月20台に削減できました。

また、１台当たりの往路の積載率は60％でしたが、85～１００％に向上しました。そして、帰りはほとんど空車走行だったのですが、今度は実車走行となり実車率は2倍になりました。復路の積載率も85～１００％です。

コスト削減では、燃料代が月約20万円の削減で、年間約２５０万円の燃料費の削減になります。その他、タイヤや整備費用なども年間で約20万円の削減効果がでます。

沼津便の収益性向上だけではなく倉庫建設の投資効果が新たに発生

沼津便の輸送効率化への取組みは、予期せぬ新しい需要も開拓することになりました。T社では長浜市の部品メーカーから岡山県の農機具メーカーの工場まで毎日、大型車1台が定期便で運送を行っています。ところが、沼津から長浜への帰り荷の荷主も、岡山の同じ工場に部品を納入していることが分かりました。しかも荷物量が少ないので路線便で運んでいるということです。そこで、その荷物を沼津からの帰り荷の空きスペースに積んで長浜の本社に帰ります。そして長浜から岡山へは、毎日運行している定期便の空きスペースに積み合わせて運ぶことにしたのです。

２００６年10月の新社屋ならびに倉庫開設の投資効果は、それ以外にも新たな荷物の開拓につながりました。

T社では、長浜市の部品製造の荷主で福井県小浜市にあるメーカーの工場に週1回部品を納品する仕事をしていました。４t車の1日チャーター契約ですが、最大10パレット積めるのに最も少ない時には2パレットしか積まないで走ることもありました。一方、小浜市の同じメーカーの工場に部品を納入している米原市の部品製造会社があります。この部品製造会社では、同社の専務が自家用トラックで部品を小浜市まで毎週木曜日に運んでいました。米原から小浜までは往復5時間ほどかかります。その部品メーカーの専務は、毎週木曜日は納品業務でほぼ1日仕事になっていたのです。そこでT社では、小浜市の工場に納品する曜日を合わせてもらうようにし、積合せ納品を提案しました。納入日を合わせるために、新設した倉庫で2日、3日仮置きするようにしたのです。

従来は専務が自家用トラックで納品していた部品製造会社との取引は、倉庫が完成してから始まったのですが、年度末の２００７年3月には、この荷主だけで月40万円の運賃収入になりました。これは週1回の積合せ輸送だけでなく、年度末で荷物が多いためにチャーター輸送の仕事も入ったからです。これも倉庫を建設した投資効果といえます。

荷主側からすると、従来は社内物流費であったものが今度は外部支払いの物流費になりました。しかし、納品業務を外注化した効果は荷主側にもすぐに現れました。というのは、これまで専務は週1日は納品業務に時間を取られていたのですが、こんどは本来の業務に専念することができるようになったからです。この荷主企業では専務の営業活動によって取引先の新規開拓ができました。荷主企業にすればコア・コンピタンス効果といえるでしょう。

ついでながら、この自営転換は、T社が２００６年度に開発した「トラック空きスペース情報」の、メール配信サービスによって新規開拓した第1号成約でした。

このトラック空きスペース情報は、低コスト（エクセルベース）による空車情報システムで、行き先・車種・着日・空きスペース・空き重量・注意事項（着時間指定の可否や可能な着時間帯の表示など）・目安運賃金額といった情報を、希望する荷主企業にEメール配信するというものです。２００７年2月からテスト的に実施し、3月末から本格的に開始したのですが、第1号成約の荷主は、Eメール配信を開始する以前に空きスペース情報をプリントアウトしたサンプルをみており、商談が成立したのでした。T社では、この顧客を開拓しただけでシステム開発費用を回収してしまいました。

冒頭にも記しましたように　T社が所在する長浜市やその近隣地域には地場産業の部品メーカーが多数存在します。これらの部品メーカーは機械メーカーや家電メーカー、デジタル製品メーカーなど大手メーカーの協力工場として一次加工や二次加工などの中間材料や部品などを製造しています。中小規模の企業が多く、納品を自家用トラックで行っている部品メーカーも少なくありません。そこでT社では、これら規模の小さな部品メーカーで、自家用トラックで納品している企業を主要なターゲットに設定しました。まずプリントアウトしたトラック空スペース情報をサンプルとして渡します。そして定期的なEメール配信を希望する会社には、以後はメールで情報を定期的に流すようにしたのです。

地元の経済構造の特徴をつかみ主体性を貫ける独自サービスの展開を指向

このように、T社は地元の経済構造の特徴をつかみ、自社の主体性を貫ける独自のサービスの展開を指向しています。中小規模の製造業が多いという地域特性に応じた提案をし、荷主企業同士をリンクさせられるような、コーディネーター的な企業を目指す方針です。

これは、単に運賃を下げることで仕事を取ってもメリットがないからです。安い運賃で仕事を請け、荷物量を増やしてトラック台数を増やしても、経営体質が脆弱になるだけです。そこで、荷主にもメリットがあり、自社にとっては付加価値が増すような事業展開をしていこうとしているのです。

たとえば取材時点で、Ｔ社が金属会社のＡ社に提案中だったのが、ミルクラン方式の部品集荷・納品システムです。荷主に提出した企画書を見ますと、フローチャートで全体的なシステム概要を示し、協力会社側のメリットとしては、部品納品に要していた時間を本業に集中できる（コア・コンピタンス）、自家用トラックを保有しなくても良い（車両代・燃料代など削減）、などを強調しています。

またＡ社側のメリットとしては、納品のために工場内に入ってくる車両数の減少により、場内混雑の解消・安全性の向上・CO_2排出など環境負荷の軽減などが実現できることなどをあげています。また定時納品により受け入れ態勢が効率化でき、連絡事項などもＴ社のドライバー1人に話をするだけで全協力会社に伝達できる、などと説明しています。このような効率化案をＡ社以外にも複数の会社に提案しています。

Ｔ社では、このような輸送効率化の提案の他、部品メーカーの工場への人材派遣も計画しています。

さらにＴ社では、２０１１年の開設予定で計画が進められている滋賀総合物流センター構想（ＳＩＬＣ）も視野においています。これは米原市にインランドデポを含む一大物流拠点を開設しようという大型プロジェクトですが、ＳＩＬＣが物流拠点としての機能を果たすようになったら、Ｔ社も仕事として参加するという考えです。Ｔ社の専務は通関士の資格を持っており、通関業務を含む総合的な業務に進出したい、と考えています。そのためには、人材の育成なども計画的に進めることが必要と

1　地場産業の荷主対象に積合せ納品などをシステム化

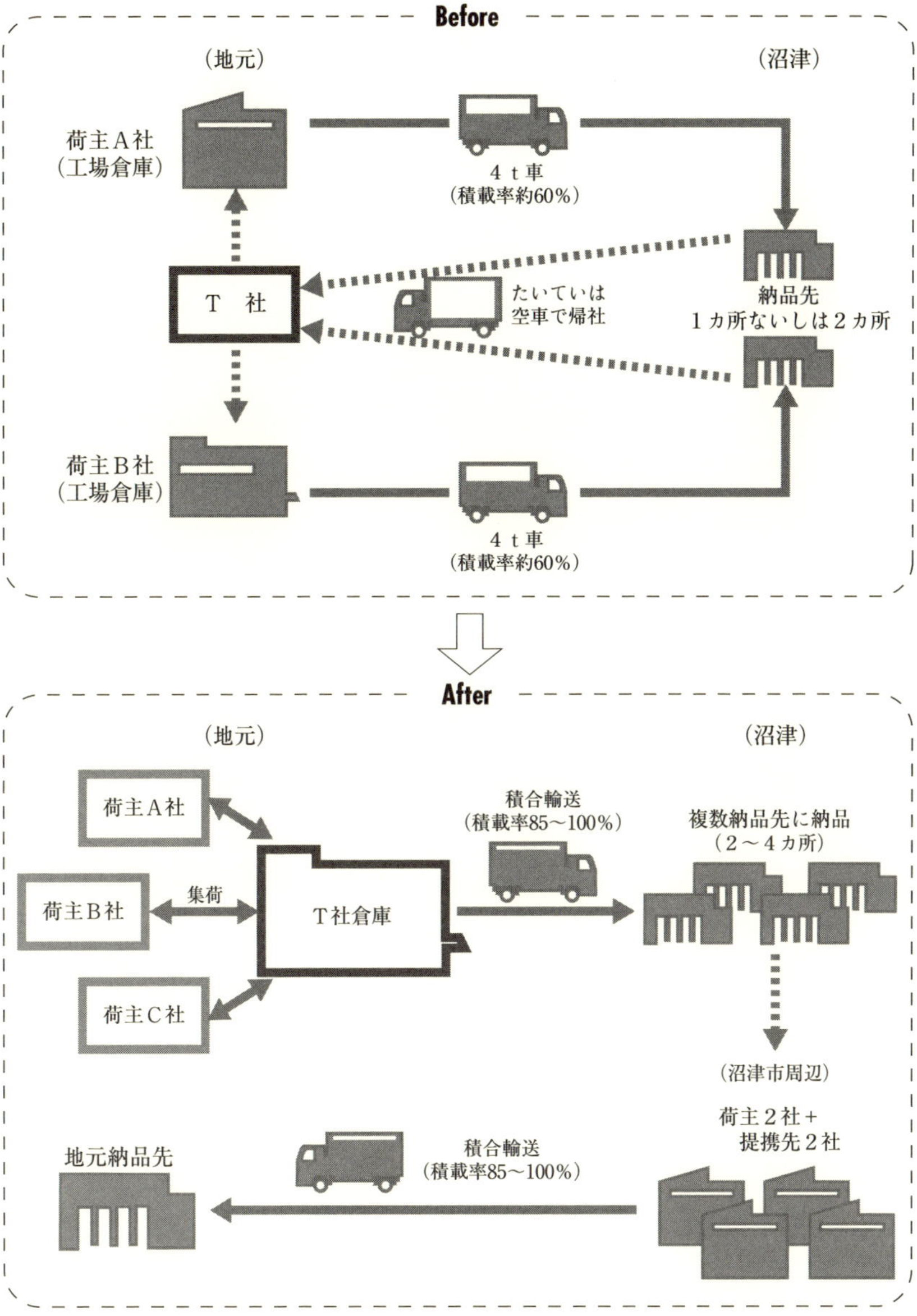

考えています。

しかしT社では、２００6年10月の倉庫の建設も、さらに今後のＳＩＬＣへの進出計画も、総ては実運送の輸送効率向上のため方策の１つと位置づけています。これは、T社ではあくまで実運送が自社の経営の基盤であると考えているからです。３ＰＬといったことも、その基盤は実運送にあり、その基盤の上に立ってこそさまざまな展開が可能であるという認識なのです。

分析とポイント

ポイント①…自社の市場の特徴を知る

T社は中小規模の事業者ですが、地場産業のやはり中小規模の部品メーカーなどに効率的な仕組みを提案して仕事を増やしてきました。

地場産業の取引先（営業対象）の物流の特徴などを良く分析しています。どのような商売でも、市場を知ることが営業の前提です。営業対象を良く知るということは、どのようなサービスを提供すれば商売として成り立つかを知るということです。そこから、荷主にとってはコストダウンなどのメリットになり、自社にとっては収益の向上になるサービスを考え、そして提案することができます。

ポイント②…事業のコアを明確にする

2006年10月に新社屋と倉庫を建設しましたが、倉庫も実運送の車両効率を高めるためのツールと位置づけています。車両の積載率を高めるために、複数荷主の荷物を積み合わせますが、荷主間（各荷物）の時間差を埋めるために一時保管するスペースとして活用する、という考え方なのです。

このように、あくまで実運送が自社の事業のコアであり、経営基盤であるという考え方が明確になっています。つまり、自分の〝売る〟べき商品は何か、という認識がハッキリしているので、自社の商品の価値を高めるにはどのようにしたら良いかが分かってくるのです。基本的スタンスにぶれがない、ということはどのような業種の企業でも大切なことです。

ポイント③…サービスを仕組みとして提供する

T社は単品サービスで考えていません。仕組みとして複合的なサービスを提案しています。重要なのは荷物（荷主）をどのように組み合わせるかという点です。

また、荷主2社の積合せ輸送でも、運賃を個建てではなく車建てで契約し、運賃負担の割合は荷主同士の話し合いで決めてもらっているケースなどは、良く考えられた仕組みです。条件が違いますので総てには当てはまりませんが、運賃設定に関する優れた事例として参考になります。

2 地元繊維企業の共同の物流プラットホーム化を構想

愛知県幡豆《はず》町のS社では、伝統的な地場産業である繊維関連企業のニーズに対応し、自社の物流センターでEOSやEDIなどの情報管理、在庫管理、仕分け、流通加工、一部検査や検針などを行うようにしました。それらと連動して、輸配送の効率的なオペレーションも構築することによって、物流の効率化を推進しています。このように顧客ニーズに対応することで、自社の経営基盤の安定化を図ろうという戦略です。

三河湾に面した幡豆町は、古くから繊維産業が盛んでした。産業構造の変化など繊維業界の変遷の中で、昔日のような隆盛はなくなってしまいましたが、歴史ある地場産業として現在でも多数の繊維関連企業が存在しています。

周知のように現在では中国をはじめとするアジア各国に縫製工場がシフトしてしまい、製品化の工程が日本国内にはほとんどないのが現状です。S社の地元の繊維関連企業も海外に製造部門を持ったり、あるいは海外の製造会社から輸入することで、国内では商社機能を果たしたりしています。幡豆町など地元の繊維会社が取り扱っている商品は寝装寝具関連の製品が多く、主な取引先は大手量販店になっています。

S社の荷主である繊維関連企業は地場産業ですから、販売先の量販店と比較すると企業規模が小さいのが実態です。そのためデータ送受信のハードならびにソフト、在庫保管・管理のための施設や設備、流通加工の作業、輸配送の手配など、荷主各社がそれぞれに揃えて運営していくには負担が重くなっています。そこでS社では、自社の物流センターに集約することで荷主各社のコストダウンを図り、同時に自社の経営改善も行う、という基本戦略を進めています。

2004年から事業計画に着手しこの間すでに売上高も大幅に増加

S社では運賃収入だけでは経営基盤の安定は図れないという認識を持っています。そこで、地場産業である繊維関連各社の物流のプラットホーム化という方向を打ち出したのです。事業計画に着手したのは2004年からでした。同年から、施設の手配やシステム開発などの準備を進めてきました。施設面では、2005年後半から荷役機器などの準備に着手しました。そして2006年末には整いました。このシステムは、バーコード読み取り時点のデータをベースに、週単位でアイテム別の出荷状況が分かるような機能を備えたもので、2007年夏には本格稼働しました。

このシステム開発の完成によって、S社の事業計画は本格的に展開し出しました。しかしそれ以前に、すでに業績面では大きな成果が出てくるようになりました。たとえば売上高でみますと、200

2年度（12月決算）の売上高は約1億7000万円でしたが、2006年度では約5億8000万円と、5年間で3・4倍になっていたのです。その間、取引額の多寡を別にすれば新規荷主も20社以上を開拓できました。運送業務分野における効率化でも、この間に実車率が20％程度向上しています。

S社の設立は1980年ですから、売上高の推移を基に判断しますと20数年間はいわば典型的な中小トラック運送事業者の域をでなかった、といえそうです。逆に、単純な運送業務から脱皮して経営基盤の安定化を図るための事業計画に着手して以来、短期間で成長軌道に乗ったという見方ができるのです。

このような成果の結果、保有車両数は38台で、内訳は大型車8台、4t車27台、2t車3台（全車両ウィング車）という規模になっています（取材時点）。従業員数は53名です。

S社の業務内容をみますと、取り扱い商品別では繊維関係が70～80％を占めています。ここからも、地場産業との関連が強いことが分かります。その他には農機具関係の部品を取り扱っています。同社が取り扱っている繊維関係の荷物には製品（寝装寝具が主）と資材系（原反）があります。また、部品関係でも部品と部品の中間素材があります。

メインの繊維関係では、製品が外国から入ってきます。中国からが70～80％を占めており、他はインドネシア、一部は韓国からもあります。

これらの繊維製品は名古屋港に陸揚げされ、通関などの手続きを経て海上コンテナでS社の物流センターに持ち込まれます。センターでは在庫管理、流通加工などをして、北海道の一部地域から九州まで全国に出荷しています。このうち自車両で輸送しているのは東京から関西までの間です。その他の地方に輸送する荷物は、輸送量によって一般事業者と特積み事業者を使い分けて委託しています。繊維関連の地元荷主は取材時点では4社ですが、推進中の事業計画に基づくシステムが本格稼働するようになれば、従来以上のサービスの提供が可能になります。

この既存荷主へのサービス向上が第一段階です。最初は既存荷主のサービスのグレードアップを軌道に乗せることに重点をおいた展開をします。それは物流センターのキャパシティの問題があるからです。そこで第二段階としてセンターのキャパシティの拡大と並行しながら、新規顧客開拓を展開するという事業計画で進めています。

納品先別・納品地域別など独自のフィー契約と今後の展開

従来の仕事の流れと計画着手後の違いはフローチャートの通りです。改善後には、それまで荷主が自社倉庫で行っていた業務をS社が受託して行うようになりました。S社のセンターで一括して業務を行うことにより、従来の中間輸送なども必要がなくなります。また、オーダーから出荷までの時間も短縮できます。このようにトータルで効率化が実現可能になります。

S社では在庫管理から納品配送までの一貫業務を請ける場合、フィー契約をしています。しかし、納品先が量販店の物流センターだけとは限りません。店舗への直接配送というケースもあります。当

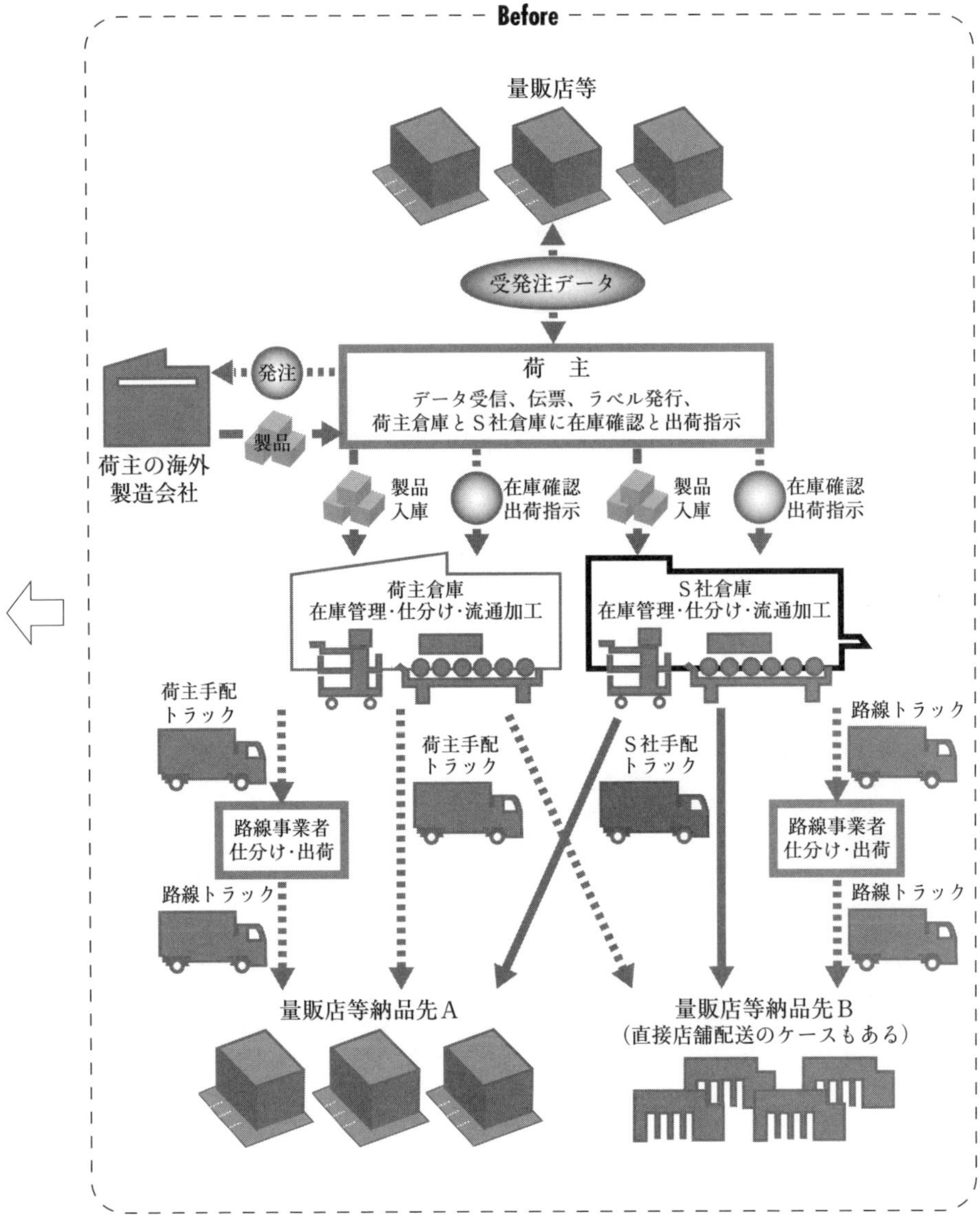
Before
量販店等
受発注データ
発注
荷　主
データ受信、伝票、ラベル発行、
荷主倉庫とＳ社倉庫に在庫確認と出荷指示
製品
荷主の海外
製造会社
製品
入庫
在庫確認
出荷指示
製品
入庫
在庫確認
出荷指示
荷主倉庫
在庫管理・仕分け・流通加工
Ｓ社倉庫
在庫管理・仕分け・流通加工
荷主手配
トラック
荷主手配
トラック
Ｓ社手配
トラック
路線トラック
路線事業者
仕分け・出荷
路線トラック
路線事業者
仕分け・出荷
路線トラック
量販店等納品先Ａ
量販店等納品先Ｂ
（直接店舗配送のケースもある）

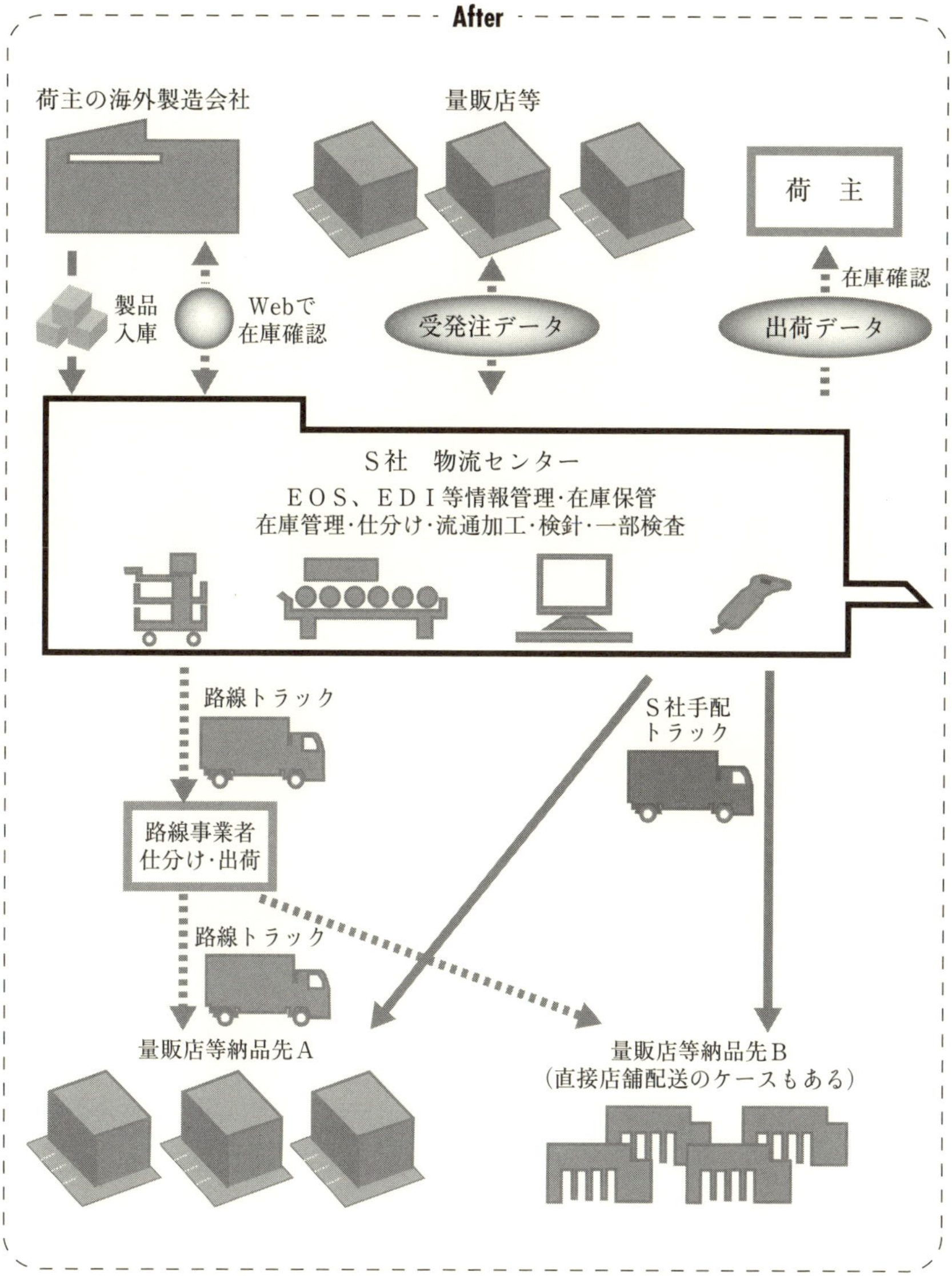
After
荷主の海外製造会社
量販店等
荷　主
製品
入庫
Webで
在庫確認
受発注データ
在庫確認
出荷データ
S社　物流センター
EOS、EDI等情報管理・在庫保管
在庫管理・仕分け・流通加工・検針・一部検査
路線トラック
S社手配
トラック
路線事業者
仕分け・出荷
路線トラック
量販店等納品先A
量販店等納品先B
（直接店舗配送のケースもある）

然、前者と後者では配送コストが違ってきますので、S社ではセンター納品と店舗配送では別のフィーを設定して契約しています。

もちろん店舗配送の方がコスト高になりますが、1店舗当たりの平均納品個数のデータを基に原価を算出してフィー設定するという方法です。また、配送するエリアによって輸送距離が異なるため、配送地域別のフィー設定もしています。

1店舗の平均納品個数は、店舗の売上状況によって異なっています。あるいは、配送エリアにおいて店舗数が増加したりすれば、配送コストも違ってきます。このような場合には、S社か荷主のどちらか不都合がある方から話しを出して協議するようにしています。というのは契約書に契約期限を入れていないからです。

S社は、これらの事業計画を推進していく中で、今後、日本繊維製品品質技術センターからQTEC（繊維規格）の認証を取得するかどうかといったことも検討しています。S社ではここで紹介した物流センター事業の他に、同じ繊維製品でも価格の高い商品を取り扱っている蒲郡センターを持っています。蒲郡センターはブランド品の販売権を持っているような、専門店などに納品する商品を取り扱っています。そこで、検品技術者の資格を取得した社員を3名配置しています。

荷主からは検査なども含めた一貫サービスの要望があり、ここで紹介したセンターでも今後どのようにするかを検討しているのです。というのは、国内外から商品が入荷した後で商品に異常があった場合など、別の検査機関や検査会社に検査のために転送し、検査後に出荷したりしているからです。

このようなやり方では、時間とコストがかかってしまいます。

そこで同社ではPL法（製造物責任法）との関連なども考慮しながら、デジカメで商品を撮ってパソコンでデータを顧客に送信し、最終判断は顧客に仰ぐ、といった方法なども検討しています。

分析とポイント

ポイント①…地場産業の時代の変遷を知る

地場産業といっても、時代とともにその内容は変化します。S社の場合には、昔から地元に繊維産業がありました。しかし、現在では地元で繊維製品を実際に製造しているわけではありません。中国をはじめとして海外に生産拠点がシフトしました。

このような時代の流れの中で、地元の伝統産業を支えてきた繊維会社は、商社的な機能に変化しています。地元で製品を生産するのではなく、海外で生産した繊維製品を、主に国内に販売する商社になっています。このように地場産業も生産、流通構造の中で果たす役割が変化してきたのです。このような地場産業の機能変化に応じて、S社は物流事業者としてどのようなサービスを提供することが自社の発展につながるかを考えています。

ポイント②…地元荷主の共同の物流プラットフォーム化という発想

地元の繊維会社の機能変化と同時に、国内の流通構造も変化しています。現在では、繊維製品の小売市場で量販店のシェアが大きくなっています。地元の繊維会社では、高級品は専門店向けに販売していますが、汎用品は主に量販店に販売しています。

そこでS社は、高級品向けの物流センターでは、グレードの高い専門店向けの物流サービスを提供しています。それに対して、ここで紹介した事例は、汎用製品の流通の特徴に対応した物流サービスを提供するためのシステム化を図ったわけです。汎用品は量販店向けですから、地元の繊維会社に対して企業規模が大きな納入先になります。施設や情報システム等を含めて、地元の繊維会社がそれぞれ個別に対応するのは大変ですから、共同の物流プラットホーム化を実現し、物流コストダウンなど荷主メリットを引き出すようなサービスの提供を構想したのです。

ポイント③…フィー契約でも自社の主張を打ち出している

フィー契約なども一律ではなく、事業者側にとっても収益を確保できるような契約を工夫している点も参考になります。

3 椎茸原木や鰹節加工用薪の輸送など新分野に進出

ITやデジタル関連産業が脚光を浴びています。それと対照的なのが農林水産関連産業といえるかも知れません。最近は農業を見直す若い人達も出てきているようですが、全体からしますと少数です。しかし、逆の側面から見ますと、農林水産の分野は競合が少ないということが言えるかも知れません。冷凍マグロの輸送から出発し、現在でも年商の約半分が冷凍マグロ輸送という、静岡市清水区に本社のあるT社は、今度は、椚や楢など広葉樹の立木の買い取りから、椎茸原木や薪の販売、輸送に本格的に参入しようとしています。冷凍マグロの輸送ではシェアが安定していますが、反面、水揚げ量などの自然条件に左右されやすいという宿命があります。そこで立木の買付にまで溯り、椎茸原木や薪の販売を含めて安定的に輸送需要もコントロールしたい、というのがT社の考えです。「競合が少ない」農林水産分野への徹底した深耕作戦といえるでしょう。

T社は1971年に現在とは違う社名で設立され、1982年に現社名に商号変更しました。最初は冷凍マグロの輸送が100%でした。その後は他の輸送も行うようになりましたが、現在でも売上の50%弱を冷凍マグロの輸送が占めています。

マグロは清水港や焼津港に多く陸揚げされます。いわば地場産業です。T社は、このマグロの買付で50％以上のシェアを押さえている大手商社をはじめ、マグロ関係の多くの荷主と取引をしています。地元から大手冷蔵会社の全国の支店や、東京、大阪などの市場、量販店のセンターへの輸送などを行っているのです。昔は直接取引でしたが、最近では間に物流子会社が入るケースが増えています。市場への輸送の帰り荷としては、冷凍食品などを運んでいます。

T社は冷凍マグロ輸送以外では、海上コンテナ輸送や木材チップ輸送が売上の20％弱、残りの約30％がその他の輸送という比率になっています。その他の輸送の中に、月100万円程度とまだ僅かですが椎茸の原木輸送関係があります。

1つの仕事から次々と連鎖的に関係が拡大する中で新事業を構想

椎茸関係の分野に参入したのは約6年前からです。そもそもはチップを畜産農家に運ぶ仕事から始まりました。廃棄処分にする産廃物の輸送ではないので必ずしもその必要はないのですが、T社は産業廃棄物収集運搬の許可も取りました。

このような仕事をしている中で、椎茸栽培が終わった後の廃木（ホダ）を運んでくれないか、という話が出てきたのです。椎茸栽培農家からは、新しい原木を入れた後に、それまで椎茸を栽培していた木が廃木として出されます。この廃木を取り扱う会社があるのですが、その会社が廃木の集荷などの物流をアウトソーシングしたい、ということになったのです。6年ほど前のことです。そこで、その会社が保有していたクレーン付きの8t車1台を引き取り（その後2台にした）、廃木の輸送を始めたのです。

中国からの輸入などの影響もあり、地元の産業の1つであった椎茸栽培農家も、昔と比べると減ってきました。しかし、清水市や藤枝市などには「冬子（どんこ）茸」のブランドもあるほどで、椎茸栽培農家が今でも少なくありません。地場の名産品の1つです。

このような廃木の集荷に行くうちに、椎茸栽培農家と親しくなってきました。すると椎茸栽培農家から原木の引取輸送をしてくれないか、という話が出てきたのです。5年ぐらい前のことでした。

椎茸栽培農家では原木を買い、一方では椎茸種菌販売会社から椎茸の種菌を購入します。そして原木に種菌を打って、その原木から椎茸が生えてくるのです。しかし、椎茸栽培農家も例外なく高齢化が進んできました。高齢化によって、自分で椎茸の種菌を原木に打つ作業が大変だ、という人が多くなってきたのです。

一方、種菌販売会社では、以前は種菌を椎茸栽培農家に売るだけでした。しかし、このような農家の高齢化という実情から、原木を購入し原木に種菌を打って販売するようにもなってきたのです。

椎茸栽培農家からの依頼で原木を輸送しているT社には、種菌販売事業者からも原木の輸送の仕事が入るようになってきました。一部ですが椎茸種菌販売会社からは、種菌を打った原木を栽培農家まで運ぶ仕事も入ってくるようになったのです。

このようなことから原木の集荷に行くうちに、今度は山師（たいていは木こりもしている）の人達との付き合いも始まりました。山で働いている人達も高齢者が多く、60～70歳でも若手（？）といった現実があります。

このようなことからT社では、自社で立木を買い、椎茸原木や薪の販売まで参入することで、輸送量の平準化も図ろうという発想が出てきたのです。

一方、先述のように同社はカツオの輸送がメインです。焼津に水揚げされるカツオを御前崎などにも運んでいました。輸送先は御前崎の鰹節加工工場などです。カツオの加工工場は焼津にも多く、焼津だけでも大小規模の工場を合わせると50軒程度はあります。工場は伊豆にも多くあります。

このようにT社では、カツオの加工工場には頻繁に納品に行っていました。そのような中で、鰹節加工工場では鰹節の製造工程で燃やす薪を広島県や栃木県などから買っていることが分かってきました。さらに、薪の仲介業者は地元にいるものの、産地から自家用車で運んでくるケースが多いということも分かってきました。

そこで、遠方から購入していては割高になるだろう、ということで椎茸の原木を引き取りに行っている先の木こり（山師）から、T社が薪を購入して販売するようにしたのです。5年ぐらい前のことです。しかし、T社が販売しているのは規模の大きな鰹節加工工場だけです。小規模の工場はリスクが高いので販売はしていません。中小の鰹節加工工場は組合の共同購入などをしていますが、この協同組合がT社から購入をしないためでもあります。

この鰹節の製造工程で使用する薪は、椚や楢などの広葉樹が良いということですが、静岡県の山には針葉樹が多いのです。これは戦時中に杉や檜を植林したからだという説もあります。鰹節加工工場への販売では年間を通して供給できなければいけませんが、T社が購入する地元の山だけでは薪に使うには量が少な過ぎます。このようなことから、T社では長野県などからも購入するようになりました。

またT社では、これらの事業をさらに拡大していくために、立木から買い付けて椎茸栽培の原木や薪の販売を行い、輸送量も平準化するようにしようと考えたのです。

山師を立木購入の仲介者にし作業も日給で雇用、将来は農業にも参入

立木の購入に参入したのは2007年からです。07年夏に、ある山の立木を購入しました。従来は山師（たいていは兼業農家）が山林地主から立木を買い、自分で伐採して販売していました。しかし、山師もみな高齢化し、後継者も少ないのが現状です。一方、立木の購入で一番難しいのは情報と、売買交渉に至るまでのコネクションです。売買交渉にも情報とノウハウが必要です。そこで山師と話し合って仲介者的な立場になってもらうようにしました（山師経由で購入などさまざまなケースがあります）。同時に山師には、日給制で嘱託として採用し、現場作業に従事してもらうという方法です。

最初の年の2007年は11月19日に山に入って初めて伐採を始めたのですが、山の仕事は11～3月

の間が繁忙期です。一方、椎茸栽培農家や種菌販売会社で菌を打つのは11～2月です。これは広葉樹の水分が抜けた状態の時期に菌を打つのが良いからだそうです。

したがって椎茸の原木の販売、輸送ではシーズン波動を完全になくすことはできませんが、新しい原木を運んだ後には椎茸栽培農家から廃木（ホダ）の輸送が出てきます。椎茸の原木輸送→廃木輸送（牧場などで使うチップの原料として）→チップ輸送と循環するのです。

また、種菌販売会社では椎茸菌の新種開発を行っています。最近は種菌販売だけでなく、種菌を打った原木の販売が増えてきていますが、種菌販売会社は地元だけでなく静岡県内の御殿場市、裾野市にもあり、山梨県の南アルプス市や栃木県などにもあります。これらの種菌販売会社への販路開拓も進めていけば市場は広がります。原木の販売経路としてはホームセンターなどにも拡大しつつあります。ホームセンターなどのチャネルが増えれば輸送の季節波動も緩和されてくるはずです。

一方、薪は年間を通してコンスタントに売るようにします。鰹節加工工場などでは需要に波動がないからです。

さらにT社では、供給の平準化や作業効率の向上から、伐採した木の集積場を確保しました。従来は山から切り出してトラックに積み込みできるようなスペースのある所から積み込んでいました。しかし、これでは大型トラックは入っていけず、傾斜のある場所などでの荷役では作業効率も悪かったのです。そこで集積場を設け、薪にする作業などの作業場も兼ね、さらに供給調整もできるようにしたのです。

このためキャタピラ付きの山間地原木運搬機を購入し、キャタピラ車で伐採した所から小型トラックが入れる所まで降ろし、2tユニック車で集積場まで運ぶようにしました。また集積場からは椎茸の原木や薪を専属で運ぶため7tユニック車を導入しました。集積場からの輸送では14t平ボディ車も必要に応じて投入します。

原木運搬用鉄パレットとしては、冷凍マグロ輸送で使用した折りたたみ式の古いパレットを一部改造して使用するようにしました。廃棄寸前のものなので、鉄屑よりも若干高いぐらいの価格で購入できます。新品購入に比較すると僅か7％程度のコストに過ぎないといいます。この鉄パレットを薪を積むように改造し、さらに積載重量を軽くするために側面に穴をあけるなどの細工をしています。この原木運搬用鉄パレットを使用すれば、現在は種菌販売会社が種菌を打った原木を運ぶ際に、井桁を組んで重ね、ラップを巻いて運んでいますが、その必要もなくなり輸送効率も向上します。

このようにT社では売買にまで入り込むことで収益性を向上するとともに、輸送量の波動の緩和を図り、さらに高齢者の雇用機会も増やしたい、としています。さらに、農業生産にまで直接参入する事業計画を持っており、「競合の少ない農林水産」分野で物流を核としたビジネスモデルを構築していく方針です。

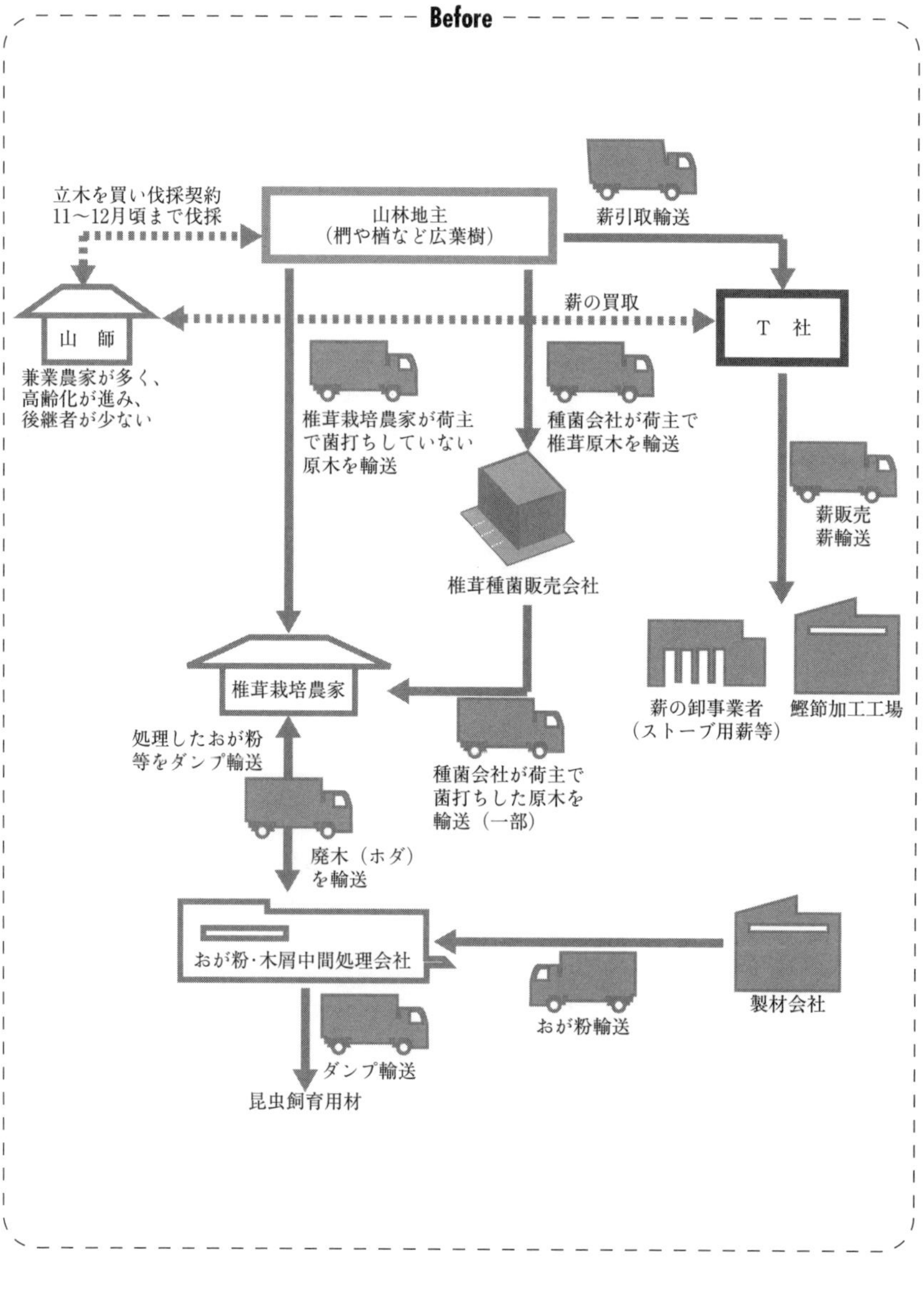
Before
立木を買い伐採契約
11～12月頃まで伐採
山林地主
（椚や楢など広葉樹）
薪引取輸送
薪の買取
T　社
山　師
兼業農家が多く、
高齢化が進み、
後継者が少ない
椎茸栽培農家が荷主
で菌打ちしていない
原木を輸送
種菌会社が荷主で
椎茸原木を輸送
椎茸種菌販売会社
薪販売
薪輸送
薪の卸事業者
（ストーブ用薪等）
鰹節加工工場
椎茸栽培農家
処理したおが粉
等をダンプ輸送
種菌会社が荷主で
菌打ちした原木を
輸送（一部）
廃木（ホダ）
を輸送
おが粉･木屑中間処理会社
製材会社
おが粉輸送
ダンプ輸送
昆虫飼育用材

3 椎茸原木や鰹節加工用薪の輸送など新分野に進出

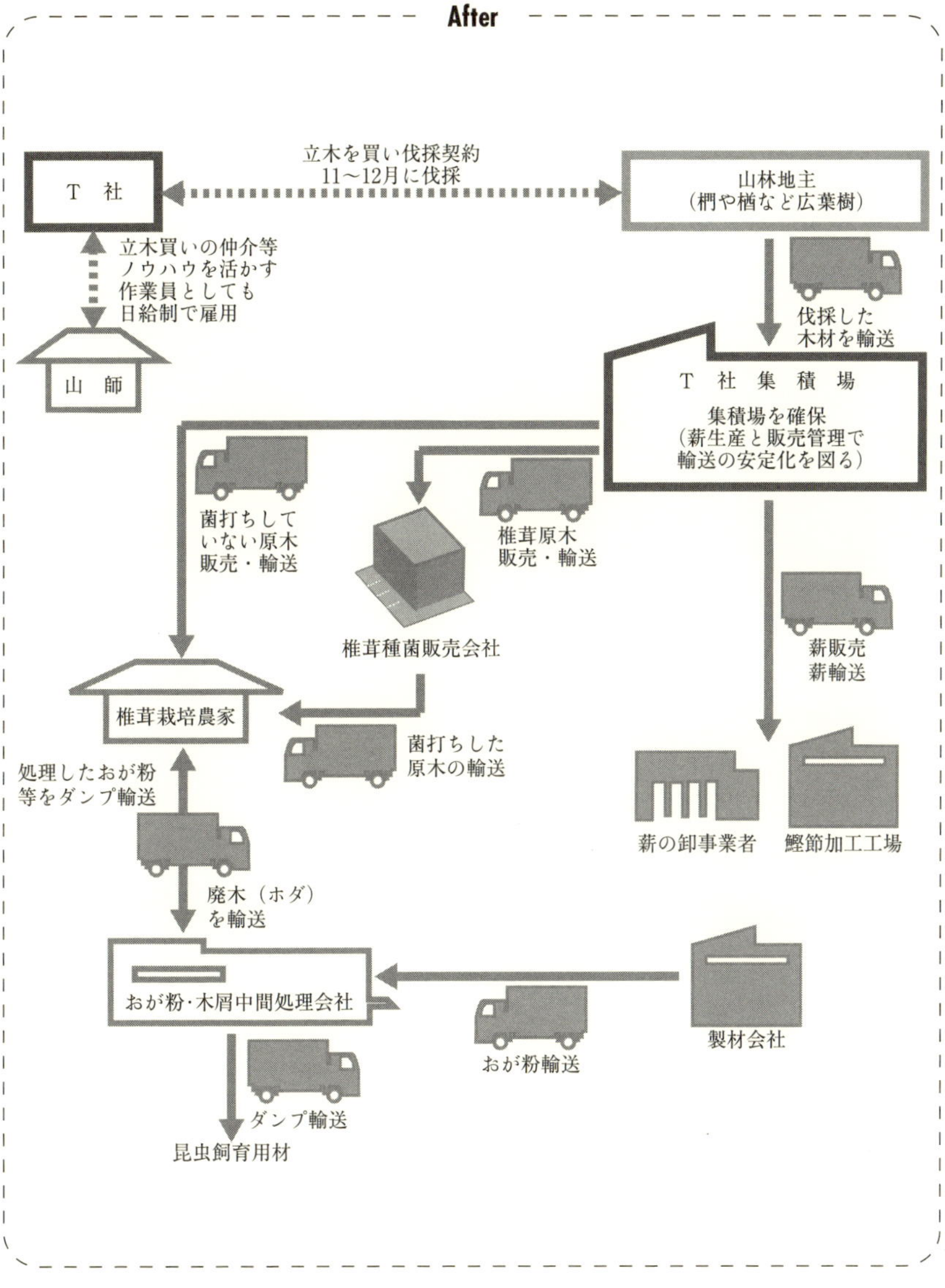
After
立木を買い伐採契約
11～12月に伐採
T 社
山林地主
(椚や楢など広葉樹)
立木買いの仲介等
ノウハウを活かす
作業員としても
日給制で雇用
山 師
伐採した
木材を輸送
T 社 集 積 場
集積場を確保
(薪生産と販売管理で
輸送の安定化を図る)
菌打ちして
いない原木
販売・輸送
椎茸原木
販売・輸送
椎茸種菌販売会社
薪販売
薪輸送
椎茸栽培農家
菌打ちした
原木の輸送
処理したおが粉
等をダンプ輸送
廃木（ホダ）
を輸送
薪の卸事業者
鰹節加工工場
おが粉・木屑中間処理会社
製材会社
おが粉輸送
ダンプ輸送
昆虫飼育用材

分析とポイント

ポイント①…地場産業を経営基盤に別の地場産業を開拓

清水港は国内有数の港で、カツオの水揚げも多く、地場産業といえるでしょう。T社はそのカツオを地元から各地に輸送してきました。昔はカツオの輸送が100％でしたが、現在でも売上の50％は冷凍カツオの輸送で占めています。

一方、椎茸栽培も地元の産業です。海の地場産業から陸の地場産業の輸送に参入したことになります。椎茸関連の売上はまだ僅かですが、椎茸栽培農家に関連する輸送を切り口に、新たな輸送分野に枝葉を拡げて行こうとしています。1つの地場産業からもう1つの地場産業へ、という方向です。

ポイント②…輸送先からさらにその先の輸送需要を取り込む

T社の事例で参考になるのは、新たに始めた仕事から、それに関連する次の仕事へと、新たな輸送品目が連鎖的につながってきていることです。

最初は畜産農家が使うチップの輸送でした。このチップの原料は椎茸栽培農家で椎茸栽培を終えた廃木（ホダ）ですが、廃木の輸送につながりました。すると今度は、椎茸栽培農家が椎茸栽培に使う原木を引き取る仕事につながります。次には、椎茸栽培農家の高齢化などもあって、椎茸種菌販売会社が種菌を打った原木を椎茸栽培農家に販売しますが、その輸送につながりました。一方、メインのカツオ輸送の一環として、御前崎や焼津などの鰹節加工工場にカツオを運んでいましたが、そこで燃料として使用する薪に着目します。そこから立木の買付から椎茸栽培用の原木や薪の輸送まで、という発想が出てきました。

このように複数の地場産業を組み合わせた新たなビジネスが創造されてきたのです。地場産業を良く観察しているからでもあります。

ポイント③…1次産業固有の波動性を緩和する努力

立木の買い取りから椎茸栽培の原木、鰹節加工工場で使用する薪の製材からストック、需要に応じた出荷・輸送を手がけることで、輸送量の季節波動を緩和し、安定的な経営にしようという発想は参考になります。

Ⅱ．提案パートナー型

地場産業密着型で見ましたように、地元の経済的特徴を知るということは重要なことです。しかし、これといった地場産業がない、きわだった経済的特徴がない地域もあります。あるいは地場産業があったとしても、それとはあまり関係のない特定の荷主との取引を主体にして運送事業を行っている事業者もあります。または近くに工業団地などがあって、さまざまな業種の荷主が存在しているのですが、それらの企業の中の特定の荷主とだけ取引をしている事業者もいます。このように、中小トラック運送事業者の多くは、限られた特定の荷主とだけ取引していて、特定の荷主への依存度が高いというケースが、むしろ一般的といえるでしょう。

このようなタイプの事業者の場合には、自社の主要荷主の特徴を良く知ることが、受託する業務の範囲を拡大し、収益を高めるためには重要です。そして、主要荷主を良く知るということは、地場産業密着型で紹介した事業者のように、地域経済の特徴を良く知ることと同じです。いずれも、自社の営業の対象であるマーケットを知る、ということなのです。

しかし、主要な荷主をどれだけ知っているか、といいますと、実はあまり知らないことが多いのです。長年取引している荷主なのだから、当然、良く知っていると思いがちです。だが、その荷主についてなら、自分が一番知っていると思い込んでいるだけであって、実際にはあまり知ってはいないケースが多いのです。

主要荷主を良く知っているということは、受託する業務の範囲を拡大できる可能性がある、ということなのです。新しい業務受託の可能性が拡がってこそ、本当にその荷主を知っているということになります。なぜなら、荷主を知っていれば、物流の効率化を提案できるからです。それによって、自社の受託する業務の範囲を拡大する可能性が拡がる事になるのです。

この章の提案パートナー型で紹介する事業者は、主要荷主を知っているから提案ができたのです。この提案パートナー型には、提案によって既存取引の荷主により深く入り込むことができた事例と、提案することで荷主を新規開拓した事例の両方が含まれています。提案による新規開拓の場合でも、提案する相手の荷主の物流の特徴や条件などを調べて、良く知った上で初めて提案が可能になったのです。

自分が商売をしようとしている市場を知らなければ、どのようなサービスを、どのように売って行けば良いのかが分かりません。このように、荷主を良く知るということは地域経済の特徴を知るのと同様に、マーケティングということになります。

また、ここで紹介する提案パートナー型の事例では、いずれも倉庫（あるいは物流センター）を持っていたり、あるいは新設したりしています。物流センターを新たに建設したり、既存の倉庫やセンターを活用したケースも含めて、提案パートナー型で紹介する事例に共通しているのは何かと言いますと、倉庫やセンターの役割と、経営基盤であるトラック輸送を上手に組み合わせていると言うことです。倉庫や物流センターと、トラック輸送を事業として分けるのではなく、両方の機能を組み合わせて、荷主にとって効率的なサービスシステムを提案し、採用されています。

そして、より深く荷主に入り込むことで、パートナーシップを構築しています。荷主にとってメリットのある提案をして、物流のコストダウンが実現できるようなサービスを提供できるようになって初めて、荷主と事業者のパートナーシップが実現できます。

提案パートナー型では、特殊なガスの非効率的な物流を効率的にするために、危険物倉庫を新設して安全性の向上と物流コストの削減を実現した事例、酒造メーカーの製品を運んでいた事業者が、製品輸送だけではなく、商品の容器を毎日必要なだけ工場に納品するようになった事例、豆腐などの原料の保管・管理と毎日の工場への納品をしていた事業者が、やはり製品を入れる容器の納品の非効率性に気づいて効率化を提案し、容器メーカーの物流も一括して受託するようになった事例、下請けの運送業務を主に行っていた事業者が、メーカーの原料保管・管理と毎日の納品、ならびに製品の物流まで受託できるようになった事例を取りあげました。

1

ＩＴ工場で使う特殊ガス配送の物流効率化を提案

ＩＴ関連の工場ではエレクトリック・スペシャル・ガス（ＥＳＧ）という特殊なガスを使用しています。ＥＳＧにはたくさんの種類があり、主なＥＳＧだけでも13種類にもなります。そしてＥＳＧはいずれも毒性、可燃性（爆発性）、支燃性のある、かなり危険なガスです。ＥＳＧを製造する工場はガスの種類によって異なり、工場の所在地も全国のさまざまな地域に分散しています。

一方、ＥＳＧを使用する需要側のＩＴ関連工場では、危険性の高いガスだけに必要以上の在庫を工場におきません。したがってオーダーの単位も必要に応じて1～3本程度になっています。ＥＳＧはガスボンベ容器に入っていますが、ボンベの大きさは家庭用の消火器程度のものから普通のプロパンガス程度の大きさまで何種類もあります。

ガスを製造している全国各地の工場から地元の販売会社までは、特別仕立ての車両でも運びます。しかし、特別仕立て便では安全性は高くても、運賃が非常に割高になってしまいます。そこで小さな容器のものでオーダーが少なければ、小口貨物の積合せ便で送った方が運賃がずっと安くなります。だが、一般貨物との積合せでは危険性が高いので運べません。そのため需要側のＩＴ関連工場でも、工場内の危険回避のために直接受領をしないようになっています。

このような特殊な事情もあって、ＥＳＧは地元の販売会社経由でＩＴ関連工場に納品されているケースが多いのですが、販売会社でも、積合せ便で送られて来た場合には安全性確認などのために立ち会い受領をしています。そして販売店から需要家のＩＴ関連工場には、ＥＳＧをライトバンなどで納品しています。このようにＥＳＧの輸送や配送は形態もバラバラで錯綜としているのが実態です。

以上のような実態を踏まえて、各種のＥＳＧを一定量保管できる危険物倉庫を建設し、ガス製造工場からの基幹輸送を専用車両でまとめて運ぶことで安全性を高めるとともに、輸送の効率化を図り、また、各ＩＴ関連工場への納品も専用車両による計画的な積合せルート配送で、安全性と効率化を推進しようという計画を実行したのが、富山県魚津市のＵ社です。事業計画に基づいて、危険物倉庫を２００７年10月15日に完成させました。安全管理のための機械設備などに関する県の検査も同年の10月19日に終了しました。そして、倉庫や設備の披露を11月中旬に行って、それ以降に本格的な営業稼働に入ったのです。

工場の構内作業から始まりセメントや各種ガスなど特殊輸送分野で事業展開

Ｕ社の設立は１９５３年で、50年以上の社歴を持っています。最初は大手製造業のカーバイト工場の構内作業からスタートしました。顧客の工場の最盛期には、構内作業だけでも１００人からの従業員が従事していたといいます。しかし、カーバイト工場の合理化に伴って人員過剰になり、さらに労働争議などもあって当時は債務超過の状況に陥ってしまいました。この債務を解消するのに15年もかかったそうです。

U社の運輸部門でも構内作業と連動したカーバイトの輸送を行っていましたが、工場の合理化で売上が減少し、新たな売上を作らなければならないために、さまざまな輸送分野への参入も試みました。このような事情からダンプ輸送やアルミ輸送、鉄鋼輸送などを行ったものの、運賃水準と労働条件の関係で収支が厳しく、結果的にはこれらの輸送分野からも撤退することになったのです。

しかし、幸いなことにカーバイト輸送のタンク車両がセメント輸送にも転用できるということから、バラ・セメント輸送に力を入れるようになりました。その結果、当初のカーバイト輸送１００％から、やがてセメントが50％の比率にまでなったのです。

ところが地元にセメントのＳＳがなかったために、セメントの輸送も徐々に仕事が減少してきました。そのような折り、カーバイトから保安用の窒素がいらなくなって出ることから、窒素などのガス分野の輸送への進出を図ることにしたのです。

このような経緯から、現在はカーバイト工場関係の荷物、セメント関係の荷物、ガス関係の荷物を運んでいます。その中でもガス関係の輸送取扱量が年々増加してきました。売上ベースで構成比を見ると、現在ではガス輸送が50％、バラセメント輸送が15％、カーバイト輸送が15％、生コン輸送が10％、残りがカーバイト滓や接着剤その他となっています。

これら輸送品目の中でも、とくにガス関係の取扱量が近年増加しており、5年前はガスが約30％であったものが、2007年ではガス関係が約50％にまで比率が高まっています。このようなことから、U社では当面はガスの荷主により深く入り込むことが戦略的にベターな選択と判断しました。そして一般ガス輸送だけではなく、ガス輸送分野でもう1本の柱を構築することを経営上の課題としたのです。このような営業戦略の一環としてESGなど特殊ガス輸送で独自のサービスを提案し、提供できるようにするために危険物倉庫を建設したのでした。

U社の保有車両数は非牽引車を除くと30台で、ミキサー車、バルク車、トレーラヘッドです（取材時点）。トレーラのシャーシは23台ですが、シャーシも特殊車両が多くなっています。フラットは3台だけで、水素用シャーシ6台、シランガス用シャーシ8台、バルク用シャーシ3台、ダンプ型シャーシ3台です。とくにダンプのトレーラシャーシは全国的にも珍しいのではないかと思います。

このようにU社でトレーラが多いのは、トラクタでは12～13年しか使えないしドライバーがいりますが、トレーラは使い方によっては40年も使えます。また、各種のシャーシを多く持つことで、季節波動を消すという考え方もあったようです。さらに特殊輸送用のシャーシなら同業他社との競争も比較的少ないという事情もあります。そしてドライバーが高齢化して長距離乗務が難しくなると、生コンミキサー車で近場の担当に移す、といったことも考えているといいます。

このように同社は特殊輸送の分野を主に行っているため、従業員数は32人という規模ですが、各種の有資格者が多くいます。トレーラに乗務するには牽引免許が必要なことは言うまでもありませんが、高圧ガス製造保安責任者が20名、危険物取扱者が10名、一般毒劇物取扱者が2名います（重複した有資格者を含む）。さらに、基礎的な物理や化学の知識を学ぶために、社内研修用の資料なども自社で独自に作成しています。

このようにドライバーは各種の資格を取得していますが、それだけではなく、荷主が認定する資格も持っていなければ荷主によっては仕事ができません。これは取り扱う荷物に関する知識などばかりではなく、安全運転についても同様です。たとえば走行速度に関していうと、高速道路は最高90㎞／h、一般道路では70㎞／hと定めていて、速度オーバーは減点する制度も設けています。

幹線輸送・保管管理・個別納品とも安全性と効率性を向上する仕組みを提案

主要取引先のガス会社では、基本的には物流子会社が輸配送を行っています。しかし、北陸3県と岐阜県の一部地域に関しては、Ｕ社が業務を直接受託して一般ガスの輸配送を行っています。さらにＵ社がガス輸送の分野でもう1本の柱を確立するために、安全性を向上し効率化を図るために考案して提案したのがＥＳＧの物流システムなのです。

主なＥＳＧの種類は13種類あります。これらは温度管理については同じ温度で良いのですが、万が一、ガス漏れその他の事故が発生した場合、ガスの化学的性質の違いによって除害の対応などが異なってきます。そこで、Ｕ社が提案したＥＳＧのフローから見ることにしましょう。

ＥＳＧはガスの種類によって製造工場が全国各地に分散しています。たとえば尼崎、つくば、糸魚川、大分、水島、姫路、その他です。地元の主な販売会社は2社ありますが、ガス製造工場から販売会社に送られ、販売会社ではライトバンなどでＩＴ関連工場に納品しています。北陸3県にある主たる納品先のＩＴ関連工場は新井、魚津、砺波、加賀、その他です。納品先が分散している上に、オーダーの単位も1～3本と少量です。

このような実態から、現状では全国各地のガスの製造工場から1～3本のオーダー数に応じて販売会社にＥＳＧが送られてきます。これらの基幹輸送も錯綜としていて非効率的です。Ｕ社の主要荷主のＥＳＧだけでも、推定（厳密な情報開示がないので）で月１０００本を3本ずつ幹線輸送すると仮定しますと、いかに非効率的でコストが高くなるかが推測できるでしょう。

また、輸送方法も特別仕立て便と積合せ便があります。特別仕立て便では、安全性は高くなりますが、反面、運賃が割高になってしまいます。後者では安全性などに問題があり、安全管理のために販売店側の人が立ち会って安全性を確認して受け取るようにしていますが、この立ち会いも販売店からすると人件費高になっています。

ＩＴ関連工場へは販売店がライトバンなどで納品しています。しかし、オーダーが少数ですから、少数のＥＳＧを広範囲にバラバラに納品するのは非効率的です。しかも主要な地元の販売店2社がそれぞれ別々に納品していますので、さらに非効率的になっています。

そこでＵ社では、安全性を向上してコストダウンも図るというトータルなシステムを考案して、主要荷主のガス会社に提案したのです。まず、自社でＥＳＧなどの危険物が保管できる危険物倉庫を建設し、全国各地のガス製造工場から同社倉庫までは、ある程度のロットをまとめて計画的に幹線輸送することでコストダウンを図ります。これは専用車両（10ｔ車）で、有資格者のドライバーによって安全輸送します。この幹線輸送に関しては、他の事業者とオペレーションでやりくりすることで、車両の効率化を図ることもＵ社では考えているようです。

ガス製造工場から運んだＥＳＧは、一定在庫を危険物倉庫で安全保管・管理します。そしてＩＴ関連工場からのオーダーに応じて、小口輸送はやはり専用車両（８ｔ車）と有資格のドライバーによって、積合せして各納品先にルート配送することでコストダウンを図ります。併せて空になったボンベは回収してくる、という仕組みです。

トータル・システムで大幅なコストダウンの実現が可能に

このシステムで重要なキーになるのが危険物倉庫です。ガスメーカーにとって、一定（必要最小限）の在庫がおけるデポがあった方が営業しやすいことは言うまでもありません。しかし、コンプライアンスが重要なので、危険物を保管できるデポが必要なのです。その点、北陸には危険物倉庫が少ないようです。

Ｕ社が建設した危険物倉庫は、種類の異なるＥＳＧを保管するため、通常排気と異常排気の装置を備えています。そしてガスの異常を自動検知し、どの種類のガスが漏れているかも自動的に判別します。そのガスの種類に応じた異常排気が自動的に作動し、さらに無害化して排出するような装置を完備しています。これらの装置はどのような時にも正常に作動することが必要です。そのため自家発電装置も備えていて、停電時でも対応できるようになっています。

これら安全管理の設備など、いわばハード面に関しては、県の検査もクリアしています。管理態勢などのソフト面では、当初の計画では全部をU社が自社でやろうとしていたのですが、県の指導などもあって、荷主の社員が管理者として1名常駐することになりました。倉庫にも有資格者が最低1名は必要ですが、U社には有資格者がいます。それでも、県では安全確保に非常に慎重で、スタート時は荷主の管理者をおき、U社ではその下に2名を配置することになったのです。もちろんU社としても、万が一の場合の対応などに関するマニュアルを作成し、保安体制には万全を期するようにしています。

このような事情から、保安管理は荷主となり、同社は倉庫を提供するという契約になりました。U社では当初、複数のガス会社と契約して危険物倉庫で共同管理し、IT関連工場への納品も積合せ配送することを計画していました。しかし、主要荷主側では自社だけとの専属契約を求めており、他のガス会社との契約はしないことになったのです。そこで危険物倉庫は固定費をベースにした契約とし、途中解約の場合には更地にしてもらうような内容になっているようです。

以上のようなシステムへの移行によって、ESGの物流は大幅なコストダウンが見込めるようになりました。Ｕ社の試算よれば、先述のように推定ですが月１０００本の場合でガスメーカーは月約５００万円のコスト削減、地元販売会社は立ち会い経費だけでも月約50万円の削減になる見込みです。この試算をもう少し詳しく見ると以下のようになります。

月１０００本を工場から地元販売会社に１回３本ずつ基幹輸送します。この運賃は特別仕立て便と積合せ便利用では大きく金額が異なるので、あくまでＵ社の概算ですが、１回３万円とすると、３３３回輸送することになりますので月に約１０００万円。それに対して計画ではガス製造工場へは月２回引き取りに行きます。１回の引き取り運賃は12万円で、引き取りに行く工場は全国６カ所。したがって引き取り運賃は月１４４万円となります。

保管、管理関係費では、倉庫建設費８０００万円を20年で割ると月33万円強になりますが、そこに２名の人件費と諸費用を合わせて、倉庫関係費用が月２５０万円。倉庫から需要側の工場へのルート配送費が定額で月１００万円としますと、総てを合計して月に約５００万円となります。荷主のメーカーとしては月約５００万円のコスト削減になります。

さらに販売会社では、立会時間を１回１時間として立ち会いのための人件費を３０００円とすると、月に３３３回の立ち会いで約１００万円になります。幹線輸送で積合せ便を利用するケースがその内の半分と推定しますと、地元販売会社では受領立ち会いの人件費として、月に約50万円かかっていたことになります。しかし、その経費も総ていらなくなるという計算です。

一方、Ｕ社では、この仕組みで仕事を行うためにガス専用車両を２台（10ｔ車、８ｔ車）増車しま

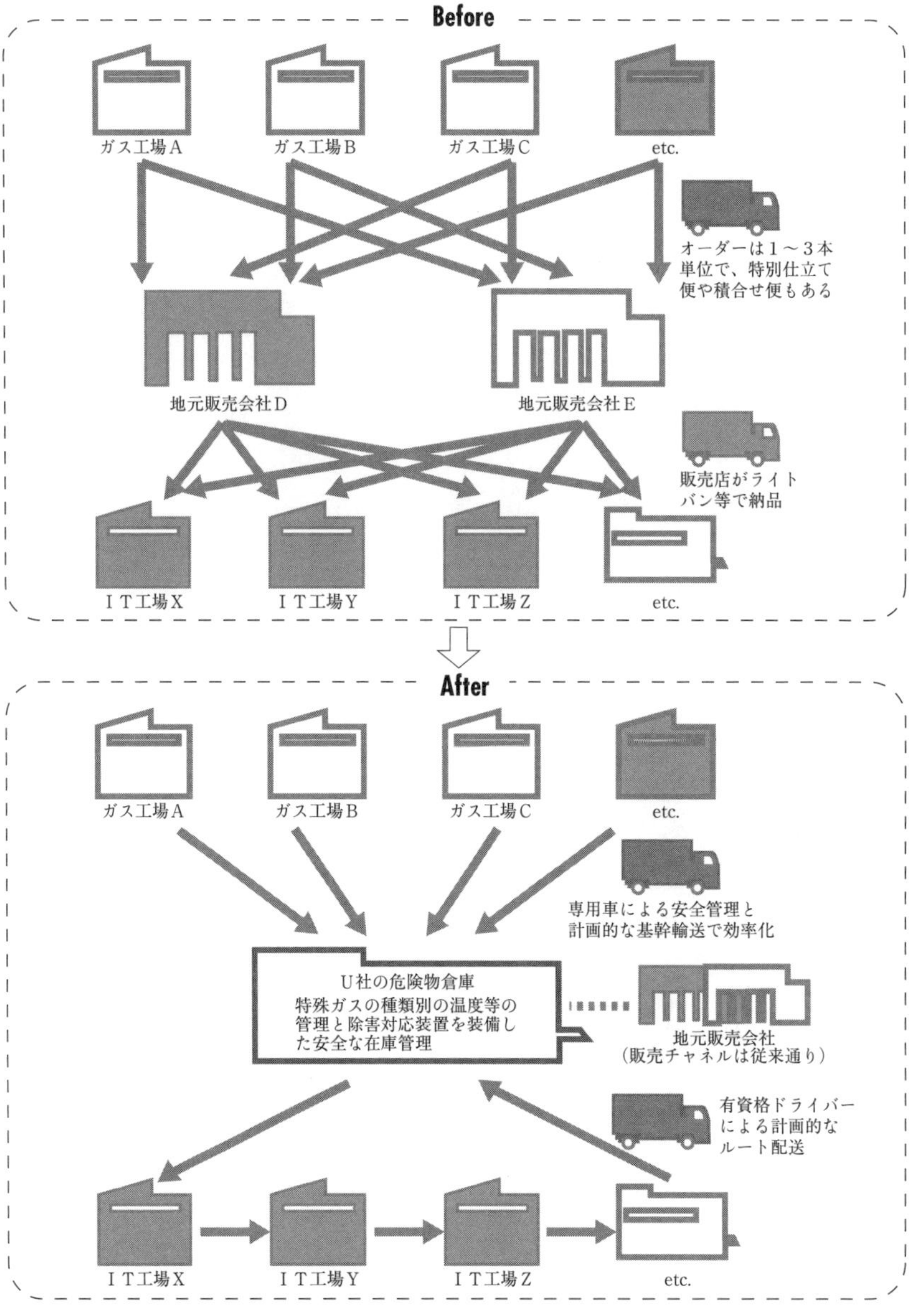
Before
ガス工場A
ガス工場B
ガス工場C
etc.
オーダーは1～3本単位で、特別仕立て便や積合せ便もある
地元販売会社D
地元販売会社E
販売店がライトバン等で納品
ＩＴ工場X
ＩＴ工場Y
ＩＴ工場Z
etc.
After
ガス工場A
ガス工場B
ガス工場C
etc.
専用車による安全管理と計画的な基幹輸送で効率化
U社の危険物倉庫
特殊ガスの種類別の温度等の管理と除害対応装置を装備した安全な在庫管理
地元販売会社
（販売チャネルは従来通り）
有資格ドライバーによる計画的なルート配送
ＩＴ工場X
ＩＴ工場Y
ＩＴ工場Z
etc.

した。雇用もドライバー1名、倉庫管理者2名、補助員1名を増やしました。それに対する収入の増加は、前述のように月約５００万円の売上増です。

このようにU社のケースは、特殊な取り扱い商品を対象にしたトータルシステムの提案により、既存荷主を深耕するという戦略です。提案パートナー型と言えるでしょう。

分析とポイント

ポイント①…事業拡大の戦略性が明確になっている

U社は既存の取引先であるガス会社に効率的なシステムを提案して採用された事例です。なぜ、ＥＳＧの物流効率化を考えたかと言いますと、現在、売上構成比で50％を占めるガス輸送の荷主をより深耕することが、当面は業容を拡大するための現実的な方向であると、企業の戦略性を明確に打ち出しているからです。

そして、ガス輸送の分野でより深耕するには、現在行っている一般ガスの輸送だけではなく、同じガスの分野でもう1本の柱を構築するという作戦です。そこで、ＥＳＧという特殊なガスの物流効率化に焦点を絞り込んだのです。

ポイント②…ESGの物流の問題点などを知っている

構想を現実化するに当たっては、ＥＳＧの危険性、物流の特徴、フローの問題点と高コスト構造など、現状を良く調査・分析しています。そして錯綜としている現状から、交通整理して簡素なフローにシステムを変えました。フローが錯綜としているということは、ムダがあるということですから、高コストになるわけです。それに対してフローが簡素化されるということは、ムダがなくなり、合理的な仕組みになってコストも削減できることを意味しています。

効率的なシステムを考えるのは大変なように思われがちですが、そんなことはありません。簡素化されたフローにすることが効率的な仕組みに変えることなのです。ムダをなくすということでもありますから、自ずとコストも削減できることになります。この事例では、危険物ですから簡素なフローにすることと同時に、安全性を向上する仕組みをプラスしたわけです。

ポイント③…専属契約上のリスクヘッジをしている

Ｕ社は当初、複数のガス会社のＥＳＧの共同在庫管理、共同配送を計画していましたが、メインの取引先の専属契約になりました。しかし、投資を回収する以前に契約が解除された場合のリスクヘッジも、契約に盛り込んでいます。契約する場合に重要な点です。

2 焼酎の容器調達物流で新規事業分野への進出を図る

鹿児島県枕崎市にあるS社の設立は1955年で、50年以上の社歴があります。2006年9月に現社名に会社名を変更しました。企業規模は保有車両数17台、従業員数17名です（取材時点）。車両の内訳は、トレーラ1セット、大型ローリー車2台、大型増トン平ボディ車1台、大型増トンウィング車7台、大型（10ｔ）ウィング車1台、5ｔウィング車3台、5ｔ平ボディ車1台、4ｔ平ボディ車1台となっています。

荷主は地元の大手酒造会社で、焼酎を運んでいます。ローリー車はビンやパックに詰められる前の焼酎を工場間輸送しているもので、近場を1日に何回転もしています。トレーラは商品を20ｔ積んで長崎県大村市まで輸送しているのですが、完全な片道輸送になっています。そのため、運賃は往復計算で契約しているといいます。それ以外の車両は鹿児島県内をはじめとする九州全域に商品輸送を行っています。しかし、主たる輸送先は福岡を中心に佐賀、長崎の北九州3県で、これら3県への輸送量が多くなっています。納品先は酒問屋や量販店の物流センターで、たいていは1コースで5、6カ所降ろしです。

このように地元発の荷物はほぼ１００％が焼酎です。この酒造会社の焼酎を輸送している事業者はS社を含めて7社あります。他の6社はいずれもS社よりも企業規模が大きいのですが、輸送方面別など取り扱いシェアは各社ともほぼ固定しているようです。

S社にとって福岡、佐賀、長崎への輸送では、帰り荷の確保が重要になります。このうち福岡に行った車両は、田川市にあるビンの容器製造会社から、焼酎の容器を帰り荷として積んで帰ってくることもあります。この容器製造会社は7年ほど前に新規開拓した荷主で、S社は直接取引を行っています。それ以外の各地からの帰り荷は、各地の同業他社から回してもらうようにしています。運賃収入ベースでみますと発が70％で、帰り荷が30％という売上比率です。

このような状況の中で、いかに売上を伸ばしていくか、どのように収益性を高めていくかが、S社の大きな課題です。その方策の1つが、ビンやパックなど焼酎を詰める容器の調達物流面で、荷主のメリットを引き出すとともに、自社の売上、利益につなげる仕組みの構築でした。

焼酎ブームによる取扱量増加で施設が手狭になり場所の移転が必要に

基本的な業務の流れを見ましょう。まず、朝8時に荷主の工場に入ります。そして出荷される商品を積んで自社のセンターに9時から9時30分には戻ってきます。荷物の引き取りです。

商品は工場から輸送方面別にグロスで出荷されるので、各事業者のセンターで配送コースごとに仕分けしてトラックに積み込むのです。S社の場合、1コースの平均は5、6カ所降ろしですが、荷物の量や問屋の中には納品時間を指定するところもありますから、これらを考慮しながら配送コースを組んでいます。それでも前日の夕方にはオーダーが入っているので、基本的な配車は前日にできているといいます。

商品を工場から引き取った翌日の午前中に、総ての納品を完了するというのが決まりなので、時間的には余裕があります。しかし、仕分けしてトラックに積み込み次第、順次、センターから出発するようにしています。そうしますと、九州圏内なら高速道路を利用しなくても時間的に間に合うので、基本的には一般道を走行するのが同社の規定です。これにはコスト削減の意味もあります。それでも時間的に余裕があるので、最初の納品先の近くで仮眠をとるようにしています。

たいていはセンターを出発する時点で帰り荷もほぼ決まっています。中には帰り荷としてビールを積んで帰り、鹿児島県内の酒問屋に納品してから帰る車両などもありますが、20～21時には全車両が帰社しています。

ところで、なぜ工場に引き取りに行ってセンターによこ持ちし、センターで仕分けしているのか、ということです。S社以外の事業者6社も同じ仕組みでやっています。これは、酒問屋などからのオーダーが小口化するに伴って、工場では配送コースごとの仕分けまですることができないために、工場からは方面別のロットをまとめて出荷しているのだそうです。

一方、S社では6、7年前の焼酎ブームで荷主の販売量が増えたことにより、荷物の取扱量も増加しました。そこで同社の仕分け場などが手狭になってしまい、もっと広いセンターが必要になっていたのです。そこでS社では、本社ならびにセンターを新たな場所に移転する計画を持っていました。

本社ならびにセンターを移転することになった際には、新センターを商品の出荷センターにすることをS社は荷主に提案しました。S社を含めて運送事業者7社が工場に引き取りに行き、各社のセンターによこ持ちして配送コースごとに仕分けして配送車両に積み込んで出発するのではなく、工場でつられた商品を全部、S社のセンターによこ持ちして、S社のセンターで方面別にロット仕分けをし、各事業者はS社センターに引き取りにくる、という提案です。

本来なら、S社センターで総ての配送コースごとの仕分けまでを行い、各社の配送車がS社センターから直接、配送に出発できるようにすれば良いと思われるでしょう。でも、なぜそのような提案をしなかったのでしょうか。S社の提案では、工場の出荷場のピーク時の混雑が解消されることにはなっても、工場からS社センターまでのよこ持ち輸送が増えます。

実はこれには理由があります。先述したようにこの荷主の商品輸送をしている事業者7社のうち、S社が一番規模が小さいというデリケートな事情があったので、そこまでの提案は出せなかったのです。

もし荷主がS社が提案したような仕組みに移行しようという方針を打ち出した場合、既設の配送センターを持っている他の大手事業者が、それならS社がセンターを新設しなくても、自社の既存施設でセンター機能を担える、と言ってくる可能性（危険性）が想定できたからです。いわゆる、〝鳶に油揚げ〟になりかねません。

そこで、工場で製造された商品をS社の新センターに単純に横もちし、各事業者が引き取りにくるという提案をしたのです。しかし、この提案に対する荷主の回答はノーでした。商品は従来通り工場で各事業者に渡す、というのが荷主の基本的な考え方なのです。

つまり、荷主の基本方針は商品出荷機能を工場の外部には持たないというものです。しかし、ビンやパックなどの容器類は工場の近くにセンターを持って必要に応じて工場に毎日補充するシステムに移行しても良い、という方針を打ち出しました。

実はこれには荷主の事情もあったのです。それは余分な容器を置くスペースの問題もありますが、それ以上に容器の在庫を削減したい、という荷主ニーズだったのです。

つまり、S社では従来の施設が手狭になっていたので、移転して拡張したいと考えていました。また、荷主の製品輸送だけでは、商品の売れ行き状況に自社の売上も依存することになります。6、7年前からの焼酎ブームで販売量が増加し、それに伴って輸送量も増加したものの、その後は売れ行きが安定してきたために輸送量の伸びが鈍化していました。つまり、製品の輸送業務を行っているだけでは、今後の売上の飛躍的拡大が望めません。そこで、製品輸送以外にも何か新たな新規業務を開拓する必要があったのです。

このように、荷主側のニーズと事業者側の事業計画が一致しました。

容器在庫の削減により荷主のキャッシュフロー改善にも貢献

荷主であるこの酒造会社では、ビンやパックなどの容器調達において、同一の容器を必ず2社の容器メーカーに分けて発注しています。リスクの分散と思われます。たとえば同一容器を今週はA社から、来週はB社でというように、2社の供給先に交代に発注する仕組みです。

さらに、酒造会社が容器メーカーに直接発注するケースと、容器の問屋を経由して発注するケースがありました。また容器も量的にたくさん使用するものと、使用量の少ない特殊な容器などがあります。

これら容器メーカー（問屋経由もある）から納品される容器の多くは、関西から運ばれてきます。それらの中で酒造会社が福岡県田川市の容器メーカーから購入している容器については、先述のように7年ほど前からS社が帰り荷として荷物を開拓し、容器メーカーとの直接取引で運んでいました。それに対して関西方面から輸送されてくる容器は、各容器メーカーや問屋がそれぞれに運送事業者を選定し、輸送を委託して運んでいます。

これらの容器のうちS社が運んでくる容器（1社1品目）は、S社の旧センターでストックして必要量を工場に毎日納品していました。他の容器は直接工場に大量にまとめて納品されるケースと、ある運送事業者が知覧町に持っている倉庫を荷主である酒造会社が賃借してストックし、その事業者が必要に応じて工場に納品するケースがありました。容器メーカーないしは問屋から工場に直接納品されるケースでは、一度に大量に運ばれてきます。そこで、製造に必要な数量以上の容器を工場内に置いておかなければならない、といった事情が荷主にはありました。

さらに荷主にとって最大の問題であったのは、従来は容器メーカーないしは問屋から容器が出荷された時点で仕入れ（メーカーや問屋側では売上）が発生していたことです。たとえば関西の容器メーカーから出荷した時点から、荷主の在庫扱いになっていました。荷主としてはたくさんの容器在庫を抱えていたことになり、キャッシュフローにも影響していたのです。そこで、この問題を改善したいというのが、荷主の一番の課題だったのです。

つまり、容器の調達物流にも参入して売上を伸ばしたいというS社の考えと、それを機に容器在庫を削減してキャッシュフローの改善を図りたいという荷主のニーズが一致したわけです。

S社は荷主とこのような話し合いを5年ほど前から進めてきました。そして2005年12月に移転用地の取得に目途がたち、在庫管理や工場への補充などの仕組みも具体的になったのです。新社屋ならびに新センターの完成は2006年8月。新センターの立ち上げと同時に、回転の遅い一部の容器を除いてS社センターで容器を在庫管理し、必要に応じて工場に納品するシステムに移行しました。

酒造会社である荷主の容器在庫という点で、それまでとの違いは、以前は各容器メーカーや問屋から出荷された時点で仕入れ（販売側からは売上）が発生していたが、新システムに移行してからは、S社のセンター内の在庫は容器メーカーや問屋の在庫となった点です。

センターから出荷して荷主の工場に納入された時点で仕入れ・売上が発生するように変わりました。また、容器メーカーや問屋に対してS社からの倉庫料の請求もこの時点で発生するような契約です。

同時に、S社の変化として重要なのは、S社が商事部門を新設したことです。容器の在庫管理をし、欠品を出さないように容器メーカーや問屋などに補充の発注をする業務も、酒造メーカーの購買課に代わって、S社が代行することになったからです。

さらに一部では、容器の問屋機能も担うようになり、容器売買にも参入することになりました。S社の物流センターに在庫されている容器のうちの一部は、S社（S社商事部）在庫ということになります。これは、容器の新しい仕入れシステムに移行するに当たって、工場に納品されてから売上が立つのでは困る、というメーカーや問屋もありました。これらのメーカーや問屋の容器は、S社が仕入れを立てるようにしたために、商事部門を設けたのです。なお、センター在庫の平均は月2・5～3回転といいます。

このようにしてS社では、一部の自社在庫を別にすれば、S社センターで使用量の多い容器メーカー6社の在庫を管理しています。センター業務の基本的なフローは入庫・保管・納品ですが、これら3つの業務を一括したセット料金で、S社は容器メーカーや問屋から仕事を請けています。総てパレット単位で、酒造会社の工場に納品した時点で、入庫・保管・納品のセット料金を容器メーカーや問屋に請求するという方式です。

従来は容器メーカーや問屋から出荷された時点で売上（酒造会社では仕入れ）が発生していました。

それが今度は工場への納品時点になりました。また、容器メーカーや問屋側からすると、S社へのセンター・フィーなども発生することになりました。

この納品システムの変更とコスト分担などについては、荷主と容器メーカーや問屋が話し合いました。さらに容器メーカーや問屋とS社間で料金単価の取り決めが必要です。このパレット単位の単価を決めるに当たっては、荷主の購買課も加わって3者間で話し合いを持つようにしました。S社と容器メーカーや問屋との2者での話し合いでは、S社が相対的に弱い立場になるからです。

荷主の購買課にも立ち会ってもらいながらの価格交渉の結果、新センターの竣工寸前に単価が決まったといいます。S社では、新センターへの投資が10年間で回収できる単価を荷主の購買課に見積もっていました。それが契約単価のベースになっています。

このようにしてS社では、新センター建設と同時に、容器の在庫管理と必要に応じての工場への納品という新たな業務を開始することになったのです。しかし、S社では現場の人員を増やしていません。人員の増加なしで新たな業務を増やしたことになります。それだけではなく、S社ではドライバーがセンター内の作業も兼務していますが、むしろ、仕分けなどの作業効率が向上したといいます。

さらに、センターから工場への納入は、毎朝、出荷される商品を工場に引き取りに行っている車両で行います。従来は工場に空車で引き取りに行っていたのですから、僅かな距離とはいえ実車率の向上にもなったわけです。S社センターから工場までの容器納入のためのコスト（少なくとも固定費は）は新たに発生していない計算になります。

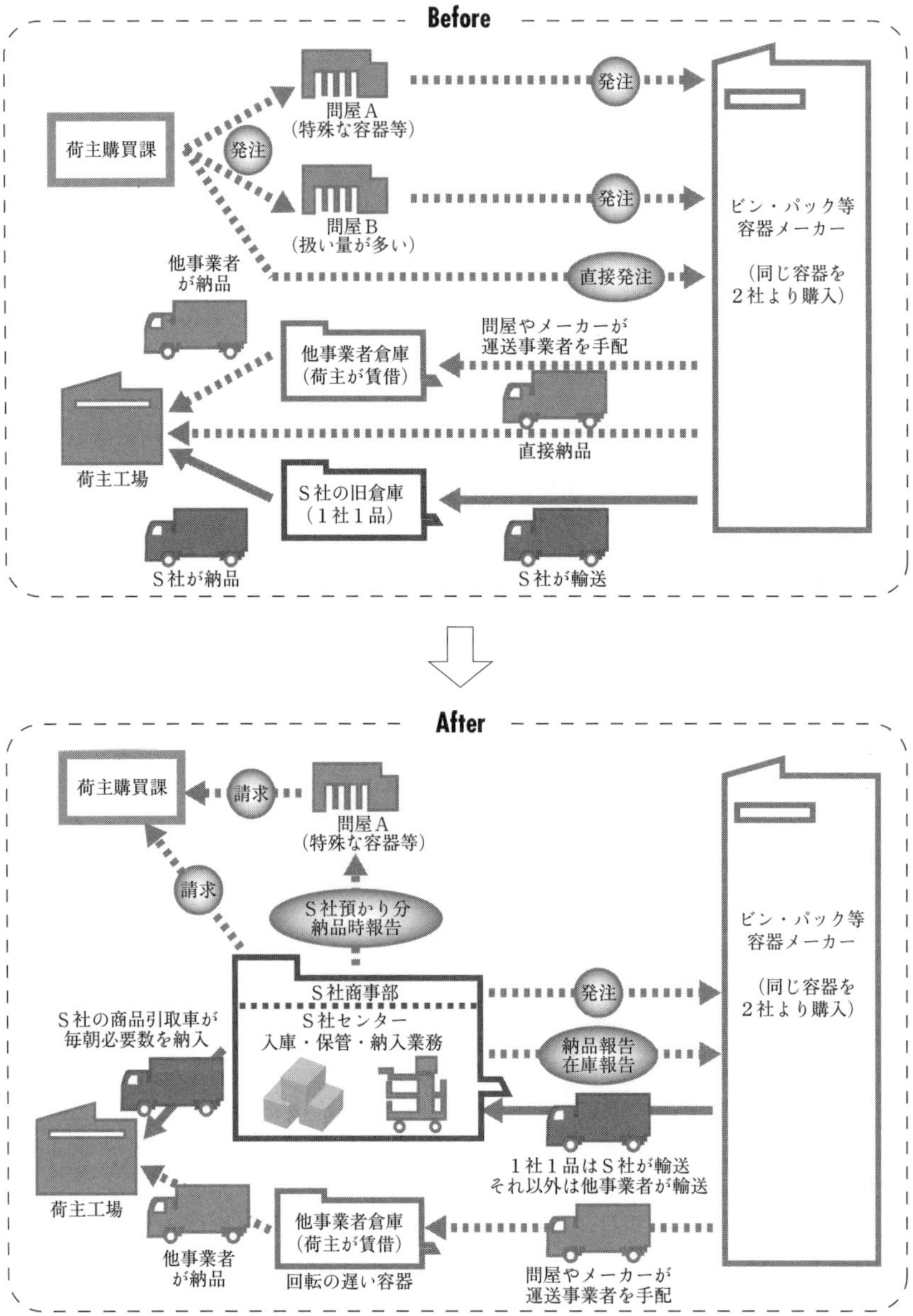
Before
荷主購買課
発注
問屋A
（特殊な容器等）
発注
問屋B
（扱い量が多い）
発注
直接発注
ビン・パック等
容器メーカー
（同じ容器を
2社より購入）
他事業者
が納品
他事業者倉庫
（荷主が賃借）
問屋やメーカーが
運送事業者を手配
荷主工場
直接納品
S社の旧倉庫
（1社1品）
S社が納品
S社が輸送
After
荷主購買課
請求
問屋A
（特殊な容器等）
請求
S社預かり分
納品時報告
S社商事部
S社センター
入庫・保管・納入業務
発注
納品報告
在庫報告
ビン・パック等
容器メーカー
（同じ容器を
2社より購入）
S社の商品引取車が
毎朝必要数を納入
荷主工場
1社1品はS社が輸送
それ以外は他事業者が輸送
他事業者倉庫
（荷主が賃借）
他事業者
が納品
回転の遅い容器
問屋やメーカーが
運送事業者を手配

このようにS社では、新たな業務を開拓し、収益性の向上に取り組んでいますが、S社の事例も提案パートナー型といえます。

分析とポイント

ポイント①…取引事業者の中で一番規模が小さいという事情

S社の事例でなるほどと感じたのは、取引している事業者7社の中で一番企業規模が小さいというハンディを考慮した内容を提案した点です。せっかく自社で提案しても、そのシステムを採用するとなった時に、大手事業者に〝鳶に油揚げ〟ではたまりません。自社センターによこ持ちして出荷センターにするという提案は、結果的には採用になりませんでしたが、感心しました。

ポイント②…提案パートナー型で荷主のキャッシュフロー改善も

S社は、特定の荷主への依存度が高い典型的な中小トラック運送事業者といえます。S社の立地条件からすると、地元で他の荷主を新たに開拓するといっても、開拓の対象になる企業があまりありません。ですから特定荷主への依存度が高いのも仕方がない面があります。しかし、そうすると売上が増えるかどうかは、荷主の業績次第ということになってしまいます。そこで製品の輸送だけではなく、従来は行っていなかった容器の受発注業務代行、容器の在庫管理と必要に応じての納品という、新分野の事業に進出することで、収益を向上することができました。

また、容器調達を新しいシステムに移行するに当たっては、商事部門をつくって支払サイトの調整弁的な役割も果たせるようにしました。これによって、荷主のキャッシュフローも改善されたわけです。

まさに、提案パートナー型で収益を向上させることに成功した、典型的な事例と言っても良いでしょう。

ポイント③…できるだけ有利に契約できるような工夫

S社が良く考えているのは、容器メーカー等との価格交渉で、荷主の購買課に立ち会ってもらったことです。容器メーカー等と相対で交渉すると、企業規模や荷主という立場の優位性などからS社は不利です。そこで容器メーカー等からするとお客の立場になる荷主の購買課に立ち会ってもらうことで、ハンディをなくしました。これはポイント①で指摘した点にも通じます。

3

食品の原料輸送から食品容器の荷主開拓も実現

豆腐などの原料にする大豆の保管、在庫管理、工場への納品を行っている徳島市のN社では、2007年8月から、製造された豆腐などの商品に使うプラスチック容器メーカーの在庫管理と納品業務までを一括受託することに成功しました。

N社では、大豆を毎日工場に納品していますが、プラスチック容器の納品と時間的に重なったりするために、現場でお互いに手待ち時間などが発生して非効率と考えていました。そこで2007年に容器の物流効率化を提案し、同年8月から容器メーカーの一貫物流業務の受託にも成功したのです。

それだけではありません。従来は容器を搬送するために使用する段ボールは使い捨てでしたが、最低でも6回ほど再使用できる段ボールに切り替えることを併せて提案しました。その結果、プラスチック容器メーカーの物流コストの削減だけでなく、豆腐メーカーの環境負荷軽減にも貢献することができました。さらに、再利用のための段ボール清掃作業料など自社の収入増にも結びつけたのです。

N社では容器の原料の保管・在庫管理・工場への納品もトータルで行うようになりましたが、海上コンテナで運ばれてきた原料のデバニング業務も受託することにします。

大豆の工場納品時に容器納品と重なって非効率的と感じていた

N社は1971年の設立で、当初は橋桁などの建設材料を主に運んでいました。しかし、今から約20年ほど前からさまざまな荷物の輸送をするようになりました。現在でも売上構成比ではマンション用の鉄製のドアやマンション備え付けのクローゼットのドア、板ガラスなど建設関連の荷物の取り扱いが多いのですが、その他にも飲料、機械、紙（ロール紙）、雑貨など輸送品目は多種にわたっています。さらに先述のように大豆・麦芽・ブドウ糖など食品原料に加えて食品容器の仕事も新たに開拓したのです。

N社は保有車両数が33台で、内訳は大型ウィング車14台、大型平ボディ車6台、4t平ボディ車12台、2tウィング車1台です（取材時点）。従業員数は45人で、倉庫業務なども行っています。

N社は2004年10月に初めて倉庫を建設し、倉庫業の許可も取りました。近くに内装家具のドアの工場があり、荷物の保管・管理を行うようになったのです。その荷主は賃借で倉庫を持ち、ピッキングなどの庫内作業や輸送を他の事業者が行っていました。しかし、製品破損などが生じても原因が特定できないなど、問題があったようです。そのようなことから、N社が保管・在庫管理などの業務を受託するようになったのです。

この倉庫で、ごく少しでしたが豆腐製造会社の原料である大豆の保管も行っていました。原料（大豆）の大部分は荷主が自社の工場で保管・管理をしていたのですが、ある時、工場で虫が発生して大事にいたるという事態が生じました。しかしこの時に、N社が保管していた大豆には何の被害もなかったのです。そのために荷主からの信頼が強まり、低温倉庫も建てて本格的に大豆の保管・管理も受託するようになったのです。

豆腐製造業の荷主には徳島県内に阿南工場、鳴門工場があり、さらに静岡県には静岡工場もあります。N社は、倉庫で保管している大豆などをこれら3工場に毎日、納品しています。

一方、2007年8月から新規に取引が始まったプラスチック容器メーカーは、豆腐の容器の他にもカイワレの容器や弁当用の容器、大手ファストフード店で使用する容器などを製造しています。プラスチック容器の業界では大手のメーカーです。

このプラスチック容器メーカーでは、従来は工場の近くにある複数の物流センターに製品をよこ持ちして在庫管理、仕分け、出荷などを行っていました。物流センターは工場から近いのですが、他の事業者がよこ持ち輸送を行っていたのです。このよこ持ち輸送のコストも大変でした。

そして、N社の荷主である豆腐メーカーへの納品は、豆腐メーカーからのオーダーに基づいて、プラスチック容器を阿南、鳴門両工場には毎日、静岡工場へは2日1運行で運んでいました。阿南と鳴門の2工場には容器メーカーが自社で保有していた3t車2台で納品し、静岡工場には地元のトラック運送事業者に委託して運んでいたのです。

豆腐の原料である大豆も製品を入れる容器も同じ工場に納品しているのですが、原料はN社が納品し、容器は容器メーカーが自車両（阿南、鳴門の２工場）と、他の事業者のトラック（静岡工場）で運んでいたのです。このようなことから、原料、容器ともほぼ同じ時間に工場に納品に行くために、先に着いたトラックの荷卸しが終わるまで、他方が荷卸し作業を待っていなければなりませんでした。このようにムダな手待ち時間が発生するなど、非効率的な面があったのです。

さらに現場をよく観察すると、プラスチック容器は段ボールに入れて運んでいますが、搬送用の段ボールは使い捨てのために毎日処分しなければならない、ということも分かってきました。このため豆腐メーカーは、阿南工場と鳴門工場ではそれぞれ１t車程度の小型車を自車両として保有していて、廃棄処分する段ボールを自車両で運んでいたのです。また、静岡工場では産業廃棄物収集運搬業者に委託して処分する、という状況でした。

容器をセンターで管理・出荷し搬送用段ボールも回収・清掃・再利用

N社の提案により、効率的なフローになりました。プラスチック容器メーカーの工場で製造された容器は、容器の種類ごとに段ボールに詰められ、工場からN社のセンターによこ持ち輸送します。工場とN社センター間の距離は約８kmですが、今度は１カ所に集約してN社が保管・管理するので以前よりも効率性が高くなりました。工場からの引き取り時間も決めて、N社が引き取りを行います。

阿南工場、鳴門工場、静岡工場ともN社の車両でプラスチック容器を納品します。そしてプラスチック容器を納品する車両で、搬送用として使用した段ボールも引き取ります。回収した段ボールはN社のセンター内にある再生機で掃除をし、10束ずつプラスチック・バンドで結束します。段ボールを掃除する再生機は小さなもので、作業は1人でできます。また、作業をしていない時には片隅に移動可能です。

搬送用の段ボールは33種類あります（後に共通化を進めて種類を集約化しました）。掃除した段ボールには、ロット・ナンバーが印刷された隣に検査印を押したシールを貼りつけます。このシールは1枚貼るごとに少しずらして重ね貼りをします。ずらして貼ることで、重ね貼りしてあるシールの枚数を見れば、段ボールの使用回数が分かるようにするためです（その後、さらに改良しています）。清掃済みの段ボールは、その日必要な使用数をN社のセンターから毎日、プラスチック容器メーカーの工場に持ち込みます。これは容器を引き取りに行くトラックに積んでいきます。

段ボールを使い捨てでなく何度も使用できるようにするために、当初はプラスチック製の通い箱にすることも考えました。しかし、容器搬送用の段ボールは33種類あり（後に集約化）、これを通い箱にすると帰りのトラックの容積の問題との関連が出てきます。とくに静岡工場は2日に1便の運行ですから、長距離輸送のために帰り荷の確保がN社の収益性を大きく左右します。通い箱を回収するとなると帰り荷を積んで帰れなくなるので、折り畳んで持ち帰れる段ボールにしたのです。

また、いろいろ試した結果、同じ段ボールでも従来より固くてつるつる感のある段ボールを採用することにしました。段ボールの単価は従来の使い捨ての段ボールよりも約18％ほど高くなりましたが、通常の使用状況なら最低でも6回は使用できます。

この再使用可能な段ボールを採用するに当たって、N社では回収、掃除など再生作業、工場への納入を総てトータルして、1個1回使用ごとに幾らという料金を設定しました。N社が荷主に納品するたびに販売するような形式の契約にしたのです。これにより、従来の使い捨てのコストと比較すると、荷主の側も大幅なコストダウンが実現しました。また、豆腐メーカーの荷主も、使い捨て段ボールの処分のための費用がなくなり、やはりコスト削減になっています。

もちろん傷んで再使用できなくなった段ボールは処分することになりますが、使用できるかできないかの判断はN社が行います。処分もN社で行いますが、少量ずつ頻繁に古紙業者まで持ち込むようにしています。古紙業者はまとまれば引き取りに来て買い取っても良いといっていますが、廃棄段ボールは一度に大量には出ないので、ついでの時に少しずつN社が持ち込むという条件で、無料にしたのです。

また、プラスチック容器メーカーでは、以前は豆腐メーカーの阿南工場、鳴門工場への納品に自車両（3ｔ車）2台を使用していました。N社に納品業務をアウトソーシングするに当たっては、自車両2台を買い取ってほしいという要請がありました。しかし、N社では買い取ることをせず、結局、廃車にしました。

同じように、豆腐メーカーでも阿南工場と鳴門工場には廃棄段ボールを運ぶために1ｔ車がそれぞれ1台ずつありました。この車両も必要がなくなるため、豆腐メーカーの荷主からもN社はトラックの買い取りを要請されたのですが、やはり断りました。そして静岡工場では産廃業者に費用を払って処分を頼んでいたのですが、この豆腐メーカーではこの処分のためのコストもいらなくなったのです。

N社では、このように物流センターの集約化と在庫管理から輸送業務までの一貫作業による効率化を2007年に提案し、同年8月から業務を受託することに成功しました。併せて段ボールの再利用によって環境負荷を軽減する提案を荷主に行いました。これらと同時に、自社のセンター内作業においてもCO_2排出量を削減するために、庫内作業用のフォークリフトに黒煙除去装置を装着しています。この黒煙除去装置のためにフォークリフトの購入価格が通常よりも約80万円高くなりますが、N社では環境への対応として装着したといいます。

大幅なコスト削減が実現しプラスチック原料のデバニングも計画

プラスチック容器メーカーとの契約は、いくつかのパターン別になっています。まず工場とセンター間のよこ持ち輸送は、大型増トン車（15t車）1台で1日3回までと倉庫料を合わせて幾ら、という契約です。そして、工場からセンターへの引き取りが1日3回を超えるような場合には、1回幾らと加算する方式です。

センターから豆腐メーカーの工場への輸送は、阿南工場と鳴門工場への納品では1ケース幾らという運賃契約です。運賃単価としては1工場で250ケースをベースにコスト計算しています。納品量が250ケースを超えると、車両がもう1台必要になります。そのような状況を考慮して1ケースの単価を決めているようです。

それに対して静岡工場は遠方のため、スポット的な需要増に備えて、豆腐メーカーが静岡工場の近くに倉庫を借り、車両積載量の50％程度の在庫を保有しています。また近場の2工場は1パレット単位で同じ容器が乗っていますが、静岡工場向けは出荷単位が細かくなっていますので、ピッキング料金も含めて1回幾らという契約にしました。

また、豆腐工場からセンターへのプラスチック容器の回収についても、各工場ごとに1ケース幾らとそれぞれに単価を決めています。

プラスチック容器の原料については、容器メーカーの工場への納品も含めて倉庫料という契約です。容器搬送用の段ボールについては、先述のように引き取り、再生機での掃除作業、ロット番号や使用回数などが分かるシール貼り、プラスチック容器工場への納入を一括して、1個1回幾らと決めて販売するという形式です。何らかの原因で段ボールが破損してしまう可能性もありますが、回収した段ボールの半分以上が再使用不可能といった場合には、契約料金では損失になってしまうようです。

ともかく、このような一貫物流業務契約によって、プラスチック容器メーカーは大幅なコストダウンを実現しました。新しい仕組みに変更して約半年が経った時点で、N社が荷主側から聞いた金額によると、荷主側が自社で試算したコスト削減額は倉庫賃貸料の低減、自車両（3ｔ車2台）の廃止によるコスト削減、段ボールの再利用などを合わせ月270万円になるということでした。年間を通すと単純計算で3300万円のコスト削減です。

一方、N社でも契約の枠内で車両の稼働効率をいかに高めるかという、オペレーションによって、収益性をより向上することが可能になりました。たとえば、このプラスチック容器メーカーの一貫作業の毎日のルーティン・ワークをみましょう。再使用できるように処理した段ボールを積んで第1回目の引き取りに容器メーカーの工場に行きます。センターに戻ったトラックは次に阿南工場に容器を積んで行きます。積みきれないような場合には、やはり阿南工場に原料の大豆を納品する車両にも積合せしたりすることも可能です。大豆はフレコンバックに詰められていて、納品時には1人がフォークリフトで逆さに吊して、もう1人がフレコンバックの紐をほどいて大豆を出すために、2人作業となります。そこで容器納入を担当しているドライバーが現場でドッキングして大豆の荷卸しを共同作業で行う、といったことも可能になりました。

阿南工場に容器を納品した車両は、搬送用に使った段ボールを引き取って戻ります。今度はプラスチック容器の原料を積んで容器メーカーの工場に2回目の引き取りに行きます。引き取りして戻ってきたら、今度は鳴門工場への容器納入を行います。やはり帰りには使用済みの搬送用段ボールを積んで帰り、3回目の引き取りに容器工場に向かいます。

これは配車のあるパターンを示したものですが、このように工場とセンター間のよこ持ち輸送も、その作業だけを専用で行っているわけではありません。容器メーカーの工場とN社のセンター、容器の納品先である2つの工場がいずれも近い距離にあるために、豆腐の原料である大豆の納品も含めて

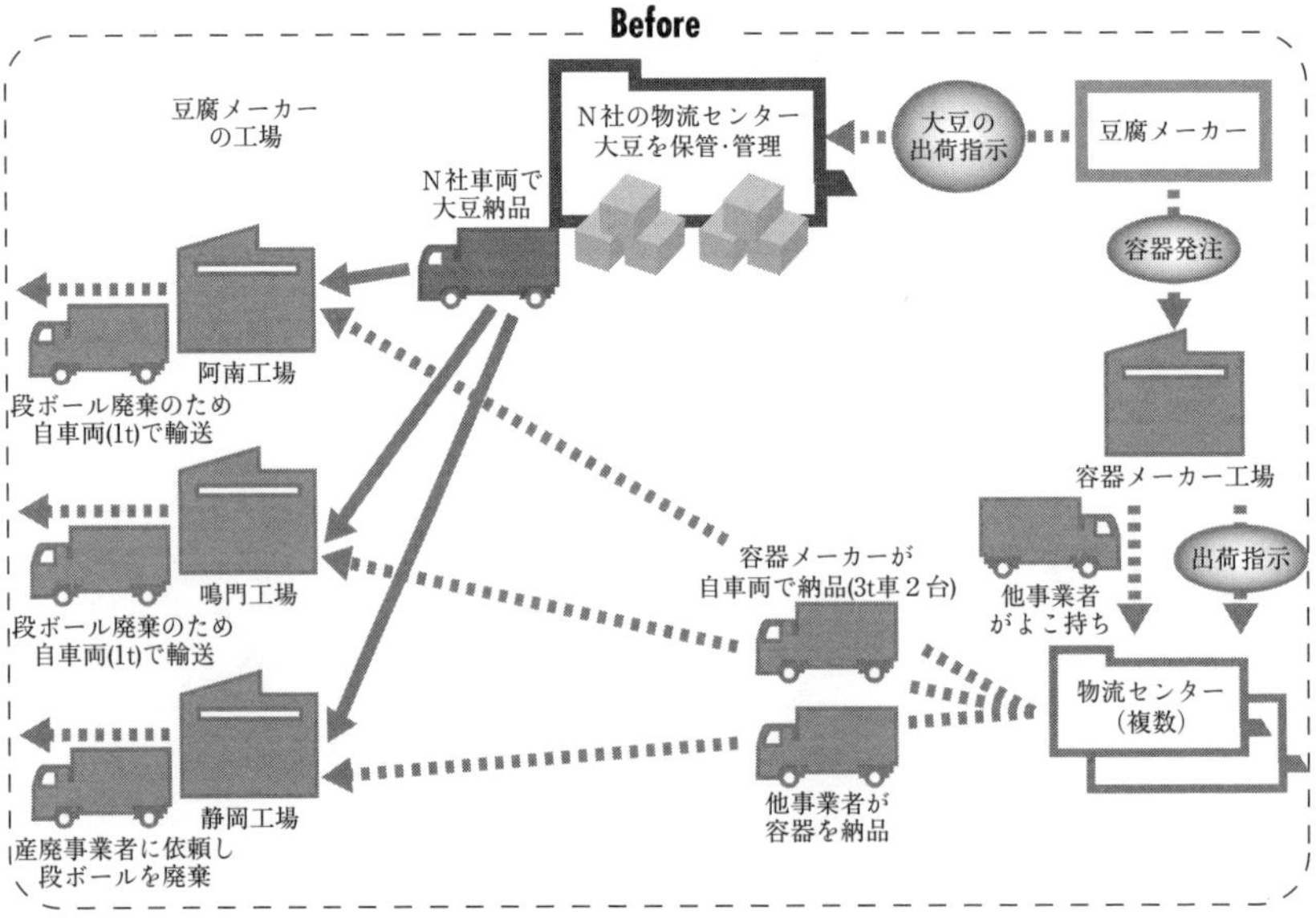
Before
豆腐メーカー
の工場
N社の物流センター
大豆を保管･管理
大豆の
出荷指示
豆腐メーカー
N社車両で
大豆納品
容器発注
阿南工場
段ボール廃棄のため
自車両(1t)で輸送
容器メーカー工場
鳴門工場
段ボール廃棄のため
自車両(1t)で輸送
容器メーカーが
自車両で納品(3t車２台)
出荷指示
他事業者
がよこ持ち
物流センター
(複数)
静岡工場
産廃事業者に依頼し
段ボールを廃棄
他事業者が
容器を納品

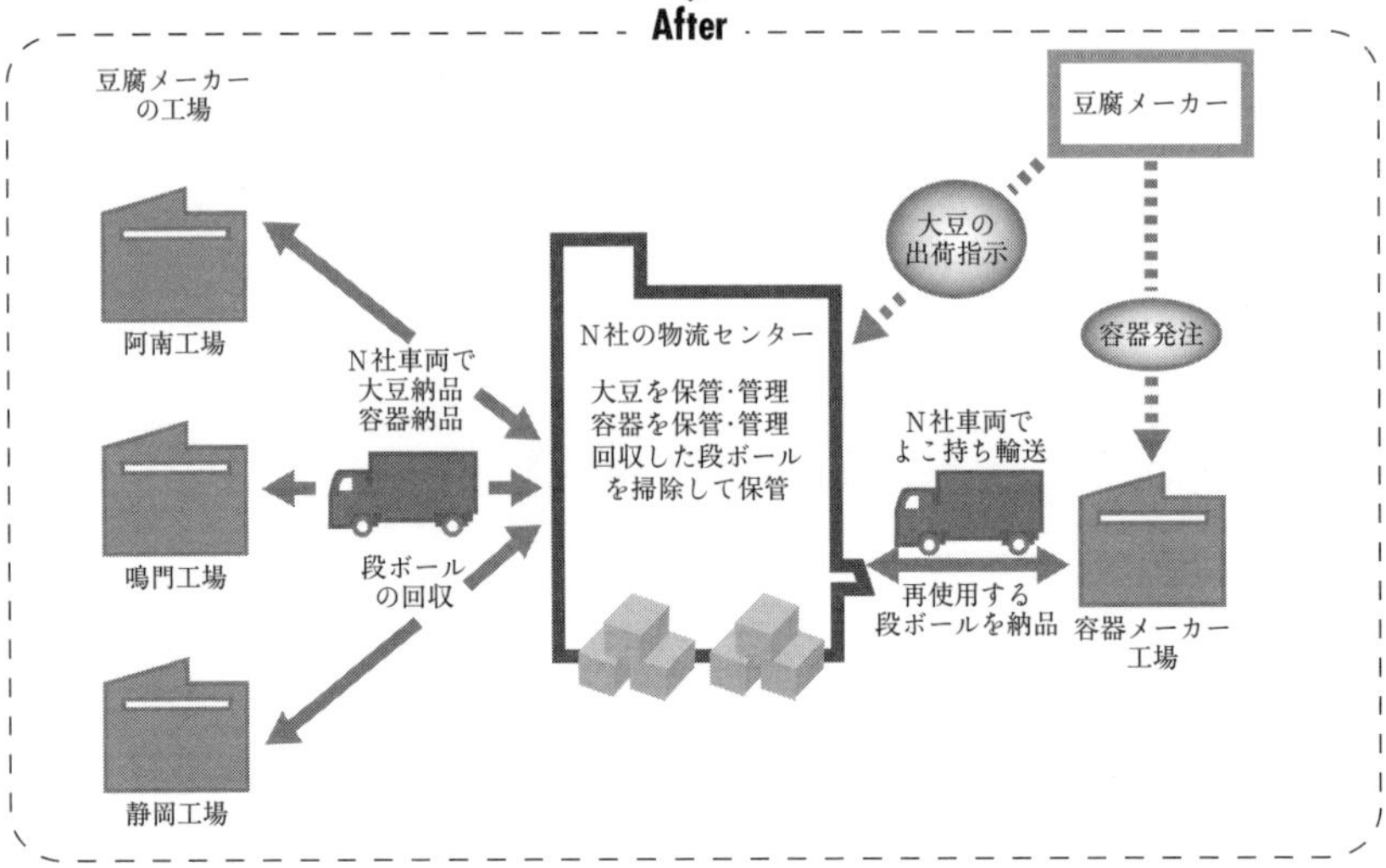
After
豆腐メーカー
の工場
豆腐メーカー
大豆の
出荷指示
阿南工場
N社の物流センター
容器発注
N社車両で
大豆納品
容器納品
大豆を保管･管理
容器を保管･管理
回収した段ボール
を掃除して保管
N社車両で
よこ持ち輸送
鳴門工場
段ボール
の回収
再使用する
段ボールを納品
容器メーカー
工場
静岡工場

さまざまな車両のオペレーションが可能なのです。

容器メーカーの工場からの引き取りは、1日3回が原則的な契約になっており、4回目の引き取りがある場合には1回幾らと料金を加算することになりますが、同工場から100mぐらいしか離れていない所で昼ぐらいに仕事が終わる、別の荷主の仕事をしている車両もありますので、4回目の引き取りがある場合には、そのトラックで引き取りを行うこともできます。

このような仕組みで、プラスチック容器メーカーとの取引が2007年8月から始まりましたが、この荷主からは月約380万円が新たな売上として計上できるようになりました。しかも、効率的なオペレーションによって、粗利益率は約40%になるといいます。

さらにプラスチック容器の原料のデバニング業務の受託です。原料は輸入ですが、主に神戸港に陸揚げされています。神戸でデバニングして一般トラックでN社のセンターまで運ばれてきていましたが、N社センターまで海コン輸送して、N社がデバニングを行って在庫保管・管理をするようにして効率化を進めました。

分析とポイント

ポイント①…荷主を知るとは問題点を分析できるということ

この章の最初に、荷主を良く知ることが重要だと書きました。その点、N社は荷主を良く知っていると言えます。原料の納品に毎日、工場に行っていますが、製品を入れる容器を納品にきている車両と時間が重なり、手待ち時間などのムダがあることに気づきました。

豆腐メーカーの原料である大豆の保管から納品までのトータル業務を受託するようになってから、僅か1、2年後には荷主の現場の問題点を把握していたことになります。荷主を良く知るとは、このようなことを指します。

荷主を知っているからこそ、容器メーカーへの効率化提案もできたのです。結果は、豆腐メーカーにとっても、容器メーカーにとっても、そしてN社にとっても、メリットをもたらしました。

ポイント②…動脈物流だけでなく静脈物流の効率化も組合せて提案

N社の提案は、豆腐の原料、容器納品という動脈物流だけではありません。プラスチック容器を搬送するために使用する段ボールも、使い捨てではなく何回か使用可能な段ボールに替えました。その結果、容器メーカーの段ボールの費用が削減しただけではなく、豆腐メーカーも段ボールの廃棄処理のためのコストが削減できました。また、N社は搬送用段ボールの再利用に関連した、新しいビジネスが創造できたことになります。まさに提案パートナー型と呼ぶに相応しい事例といえます。

ポイント③…業務内容別の料金契約と効率的オペレーション

効率化提案は、荷主のコストダウンだけでなく、事業者にとっては収益向上につながらなければ何の意味もありません。Ｎ社は業務の内容別に原価を計算して、それぞれ違った契約をしています。これはＡＢＣ（アクティビティー・ベースド・コスティング）準拠によるコスト算出を、事業者側が逆応用したという見方もできます。さらに、契約の範囲内で車両を効率的にオペレーションすることによって、自社の利益率を高めるように工夫しています。これは事業者側の裁量によって生み出す差益です。

4 大手荷主との取引チャンスに倉庫を建設し新事業に挑戦

山形県庄内町のK社は1993年の設立で、スタート当初から下請事業者として運送事業を行ってきました。主たる輸送貨物は農産物で、公設庄内青果物地方卸売市場（通称＝三川市場）の野菜や米穀などを下請けとして運んできたのです。

同市場には荷受会社が2社あり、この2社が荷主です。その仕事を請けている元請け運送事業者の下に、かつては下請け運送事業者が5、6社存在しました。K社もその下請け運送からのスタートです。

しかし、運賃の低下などにより、長距離輸送の仕事から撤退する下請け事業者が増えてきました。地元では比較的規模の大きな下請け事業者の1社が青果物などの仕事から撤退した時に、K社も市場関係の下請け仕事から撤退しようと考えていました。しかし、元請け事業者からの要請があったために農産物輸送を継続することにしたのです。

さらにその後も下請け事業者の1社が仕事から撤退したので、その分もK社が仕事を請けることになって輸送量が増加しました。このようなことから現在でも売上全体の約25%は市場関係の荷物で、三川市場の青果物の過半はK社が運んでいるといいます。

東北の特性として夏場は地元からの上りの農産物が多いのですが、冬季になると東京の築地市場や大田市場から地元に運ばれてくる荷物の輸送が多くなります。上りの荷物がないために復路だけの片荷輸送を余儀なくされることもあるのです。

しかし、近年の燃料代の高騰などもあって、２００６年８月から運賃の50％値上げが実現しました。そこで冬場には空車で築地市場や大田市場に引き取りに行き、復路だけ実車の片荷輸送の場合でも採算が取れるようになったと言います。

K社の従業員数は18名で、保有車両数は19台です（取材時点）。そのうちの14台は大型車ならびに大型増トン車で、冷凍ウィング車７台、一般ウィング車４台、平ボディ車３台です。その他の２台は平ボディのトレーラですが、さらにその後、トレーラシャーシを増車して19台の保有車両数になっています。

同社では青果物など市場関係の他にも菓子輸送やその他の輸送を行っていますが、それらのほとんどが下請けの仕事です。青果物では２００６年８月に運賃の値上げができたとはいえ、全体的には運賃水準が低いままです。一方、燃料代は高値の水準で推移しています。

このようなことから、安い運賃の下請け仕事から撤退して、荷主と直接取引するようになることが長年の念願でした。また、単純な運送だけではなく入出庫業務、保管、在庫管理などを含めた一括請負の仕事が行えるようになることもK社の大きな経営課題でした。

大手荷主との直取引は自社ではとてもムリと思っていた

このような折り、２００６年11月からある大手食品会社との取引を始めることができるようになったのです。この食品会社では鶴岡工場から排出される残滓を、同じ荷主の酒田処理工場でリサイクルしています。この残滓を運ぶ仕事です。

この荷主との最初のコンタクトは２００６年６月でした。荷主の物流担当者から倉庫を探して欲しい、という話が入ってきたのです。そこで工場に近い場所にある倉庫を探して紹介しました。しかし、その倉庫会社と食品会社の間では過去にトラブルがあり、裁判にまでなった関係だったのです。

このような事情から、倉庫会社では食品会社には貸さない、と言いました。しかし、K社になら貸しても良い、と言ってきたのです。つまり、K社が借りて食品会社の仕事をするのならかまわない、ということです。

だが、残滓は臭いなどの問題があるため、結局、１カ月でダメということになってしまいました。そこで、やはり工場に近い別の倉庫を探して食品工場に紹介したのです。

このような経緯から、鶴岡工場で排出された残滓をリサイクルするために酒田処理工場に運ぶ仕事を２００６年11月から請けるようになったのです。

それまで残滓の輸送は、荷主が自車両（４ｔ車）で行っていました。鶴岡工場と酒田処理工場間なら距離も短く、1日に何往復もできます。しかし、4t車では積載量が少ないため1日分を全部運び終わるためには12時間もかかっていました。荷主の方も自車両では費用がかかり過ぎていたのです。そこでK社では10tウィング車を投入しました。10t車なら3回転すれば全部運び終わります。だが、残滓のせいで車両が汚れるので、残滓輸送のために2007年1月に中古車を購入し専用車両にしました。

このように2006年11月から残滓の輸送を大手の荷主と初めて直接取引で始めることができました。すると、2007年1月末になって、倉庫を建てて工場でつくった製品の保管や輸送をやれるか、という話が荷主から出てきました。

この荷主の工場では粉末スープやラードスープなどを製造しています。即席ラーメンやカップラーメンなどに入れる（添付してある）スープなどです。また、スープとしてそのまま販売する最終商品も大手食品メーカーのOEM（相手先ブランド製造）で生産しています。これらの製品を工場からK社の倉庫によこ持ちして保管・在庫管理・仕分け・出荷などを行う仕事です。

その話がきても、最初は当社ではなくても良いのではないか、と考えたといいます。大手荷主との本格的な取引は初めてです。自社ではとても取引できないと思っていた相手でした。しかも、これまで運送業務しかやっていなかったので、正直なところ、在庫管理などと言われても皆目分かりません。

しかし、残滓の仕事で出入りするようになっていたので、多少は工場の物流事情も分かるようになっていました。そこで原料調達や製品輸送でもムダなことをしているとは感じていたし、社内でもそのような話をしていたといいます。

Ｋ社にとって大手荷主との直接取引は長年の念願でした。しかも運送だけではなく保管や在庫管理といった、これまで未知の分野への進出ができるチャンスでもあります。このようなことから倉庫を建てて仕事を請けることを決断したのでした。

だが、倉庫を建てるには資金を調達しなければなりません。そこで２００７年４月から５月にかけて金融機関３社と融資の話し合いを進めました。金利が高くては融資を受けて倉庫を建てることができません。最終的には１行に絞り、新事業支援資金の融資を受けることにしたのです。

製品の保管・在庫管理だけではなく原材料の工場への調達も

これら金融機関からの資金調達と併せ、補助金など各種の制度を利用するための申請をしました。商工会を通して経営革新も申請し、また、全ト協の制度にも申請をしたのです。

倉庫の設計は２００７年４月にできたのですが、当初は１棟の計画が５月には急遽もう１棟建てることになったのです。荷主は最初は製品の保管・管理だけをＫ社に委託しようと考えていたのですが、原材料も同じ場所で保管・管理して必要に応じて工場に納品するようにした方が効率的だと判断したためです。そこで２００７年５月には最初の設計を変えることなく、隣接して倉庫をもう１棟建てることにしました。それにともない、当初は５０００万円だった建設費が８０００万円になったので、正直なところ不安があったといいます。

ともかく、それまで1棟の倉庫建設の計画だったものが5月に2棟に変更になり、荷主とは口頭で契約して銀行とは借入契約をしました。2007年6月には荷主と仮契約をかわし、7月16日に正式契約をしています。そして2007年10月1日から事業を開始しました。

まず、原材料の調達をみますと、それ以前は荷主の物流センターが3カ所ありました。これは他の事業者に委託していたもので、原料仕入先がそれぞれに手配したトラックで各センターに運ばれてきていました。物流センター業務を受託していた事業者は入庫・保管・在庫管理・出庫・工場への納品を行っていました。原材料の物流センターは製品の物流センターも兼ねており、工場で製造された製品は3カ所の物流センターによこ持ちされ、入庫・保管・在庫管理・出庫・納品先への輸配送が行われていました。センターからの輸配送は、荷主が手配したトラックで行っていました。

K社が業務を受託するようになった2007年10月からは、原材料の仕入先からK社の物流センターに原材料が運ばれて来るようになりました。K社が入庫作業・保管・在庫管理・出庫作業・荷主の工場へのよこ持ち輸送を行います。原材料を納品した車両で製品を引き取ってセンターに持ち帰り、入庫作業・保管・在庫管理・出庫作業・納品先への輸配送を行うようになったのです。

K社では原材料の引取輸送業務も、原料仕入先の1社だけとは始めており、今後は増やしていく方針です。原材料はパレット単位、単車単位、コンテナ単位などです。

また製品の輸送もK社の車両あるいはK社が手配する傭車で行うようになりました。製品の納品先は関東、関西を合わせて10カ所で、納品車両は大型ウィング車で月の延べ台数が35台。関東の納品先が7カ所で月25台、関西が3カ所で月10台といった割合です。

この荷主には全国各地に在庫を保管する施設があったのですが、それらをなくして在庫をおかないことにしました。そこで、関東と関西を除く地域は全国ネットの路線事業者を使い、小口貨物で直送する仕組みに変えたのです。この路線事業者は1社で、荷主が直接契約しています。

K社のセンターから工場までは片道約20分ほどの距離で、6ｔウィング車で1日3～4回転で原材料納品と製品引取ができます。センター内の原材料および製品の管理業務などを含めて、1人の従業員で作業全部が可能です。この荷主の原材料や製品の荷物の取り扱いを過去に経験したことのあるドライバーが2名いたので輸配送業務については心配ありませんでした。

センターの管理・運営については経験がなかったのですが、荷主からは経験者1名を紹介されました。また、月1回は工場から担当者が来て原材料ならびに製品の棚卸しをしています。

このようにしてK社では、従来は経験のなかった新しい業務分野に進出することになりました。新事業による収入は、原材料および製品の入出庫・保管・在庫管理・倉庫と工場間のよこ持ち輸送をトータルした金額で契約しています。この金額は随時見直す契約です。また、製品の輸送は車建て運賃契約で、関東と関西をそれぞれ定額で契約しています。

関東からの帰り荷は青果物が主になります。前記のように運賃値上げが実現したので、関東からの帰り荷の場合、帰り荷の運賃収入の方が多くなっています。しかし、冬場は空車で東京まで引き取り

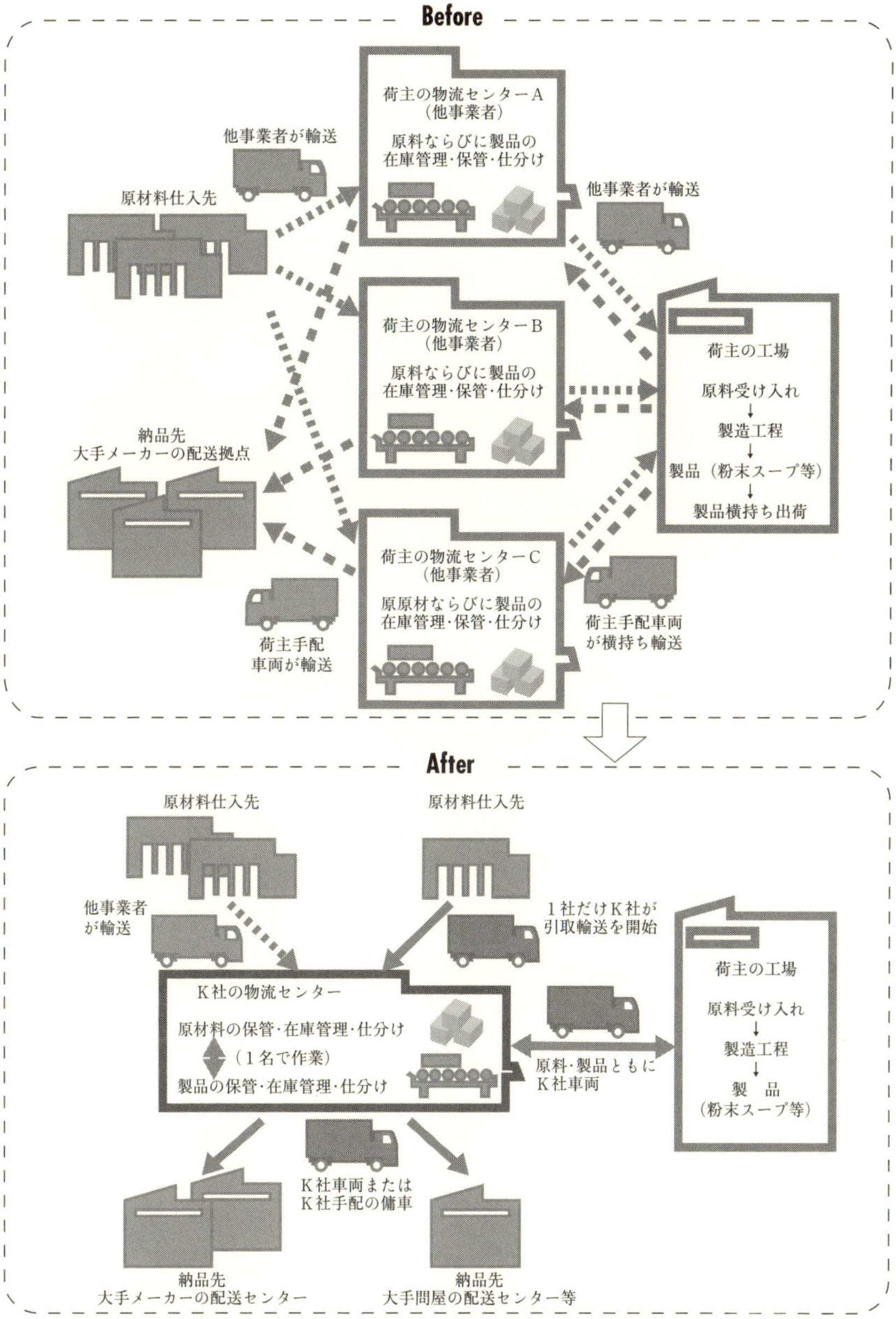
Before
荷主の物流センターA
（他事業者）
原料ならびに製品の
在庫管理・保管・仕分け
他事業者が輸送
原材料仕入先
他事業者が輸送
荷主の物流センターB
（他事業者）
原料ならびに製品の
在庫管理・保管・仕分け
荷主の工場
原料受け入れ
製造工程
製品（粉末スープ等）
製品横持ち出荷
納品先
大手メーカーの配送拠点
荷主の物流センターC
（他事業者）
原原材ならびに製品の
在庫管理・保管・仕分け
荷主手配車両
が横持ち輸送
荷主手配
車両が輸送
After
原材料仕入先
原材料仕入先
他事業者
が輸送
1社だけK社が
引取輸送を開始
荷主の工場
原料受け入れ
製造工程
製　品
（粉末スープ等）
K社の物流センター
原材料の保管・在庫管理・仕分け
（1名で作業）
製品の保管・在庫管理・仕分け
原料・製品ともに
K社車両
K社車両または
K社手配の傭車
納品先
大手メーカーの配送センター
納品先
大手問屋の配送センター等

に行っていたことを考えれば、往路でも運賃収入を確保できるようになったことは大きな収益性の改善になりました。関西からの帰り荷は同業者からの斡旋で確保しています。

分析とポイント

ポイント①…元請け仕事の確保は多くの中小事業者にとっての悲願

中小トラック運送事業者の多くは、仕事の大半を下請けや孫請けとして受託しているのが実態です。もちろん、それ自体が悪いことではありません。現実のものとして、そのような産業構造を否定することはできないのです。しかし、多くの事業者は下請けとしての辛酸をなめ、悲哀を感じながらも日本経済の裏方として、日々の業務を遂行しているというのが現状なのです。

ですから、元請け仕事がしたいというのは中小事業者の悲願です。幸いにもＫ社は荷主と直接取引をする機会に恵まれ、長年の願望を実現することができました。

ポイント②…チャンスをいかに活かすか

Ｋ社は荷主との直取引を実現しました。しかも運送だけではなく、保管や在庫管理といった、これまで経験したことのない業務も受託できるようになりました。率直に言いますとＫ社の場合、自社の開拓努力というよりも、幸運に恵まれ面があります。

しかし、長年の念願を実現するには大きな決断が必要でした。これまでは設備投資といえばトラックの購入でしたが、今度は倉庫を建設しなければなりません。今まで経験のない投資であり、そのための資金調達が不可欠です。

そこでK社は銀行借入の他に、さまざまな制度を活用しました。利用できる制度を有効に活用することも、事業を発展させて行くためには必要なことです。筆者は取材を通して多くの事業者に接していますが、伸びる企業ほど、さまざまな制度を上手に活用しています。

ポイント③…契約面などで研究が必要

K社の場合には、物流効率化を自ら荷主に提案したわけではありません。また、運送以外の業務を受託した経験もありませんでした。そこで、契約面でも不慣れだった感じがしますが、この点はこれからの課題でしょう。中小事業者は最初は荷主によってレベルアップしてもらい、その中でノウハウを収得して成長するというのが一般的なパターンです。そのような意味で事例として取りあげました。

Ⅲ．流通構造変化対応型

第Ⅰ章では自分の会社がある地域の、地場産業など地元経済の特徴を良く知ることで、独自のサービスを創造した事例を紹介しました。また、第Ⅱ章では主要な取引先である荷主を良く知ることが、物流効率化の提案に結びつき、受託する業務の範囲を拡げることにつながるということを見ました。

ここでは、一定の地域や特定の荷主ではなく、もう少し広い範囲で、ある市場の変化を知ることが新しいサービスの創造には重要なことを取りあげましょう。広い範囲で市場の変化を知ると言っても、もちろん、自社の得意とする市場の変化をとらえることが重要です。これまで関わったことのない全く新しいマーケットに進出するのは大変です。トラックの車種や人的な条件、荷物取り扱いのノウハウなど、自社の経営資源を最大に活かせるのは、やはり、これまでも取り扱ってきた業種の荷主業界の仕事です。

あらためて言うまでもなく、世の中は絶えず変化しています。長年にわたって取引をしてきた荷主の業界でも、これまでは当たり前だった商慣習や流通構造が変化しています。

たとえば荷主業界の再編成が進み、長年取引していた荷主企業が他社と合併する、といったことも珍しくはない時代になっています。すると、どれだけ長い取引であったからといって、契約が継続するという保証はありません。合併する相手の企業の物流を長年行ってきた事業者が合併後の仕事を独占的に行うようになる可能性もあります。それでも仕事を続けるとなると、その事業者のアンダーとして仕事を請けることになります。あるいは合併する荷主のどちらとも取引していなかった事業者が、合併後の物流を一手に受託することになるかも知れないのです。そうすると下請けとしても仕事を請けられなくなるかも知れません。

このようなことを10年前に書いたとしても、おそらく理屈としては分かっても、実感としては受け止めてもらえなかったでしょう。しかし、今なら他人事ではない、と理解していただけるはずです。

このように、何事も永遠に変わらないことなどあり得ません。だが、この変化をとらえて、新しいサービスを創造すれば、逆に事業を発展させることができます。つまり、変化はチャンスでもあるのです。産業構造の変化、流通構造の変化などをいち早くとらえて、新しい流通構造に見合った効率的な物流システムを創造できれば、飛躍的に発展することも可能なのです。

昔から長年の間に構築されてきた流通構造の下では、物流分野でも事業者間の勢力分布が出来上がっていました。その中で新規の仕事を開拓しようとしても、下請けで入り込むか、あるいは運賃・料金を他社よりも低く提示することでしか荷主を増やすことは難しいのです。しかし、従来からの流通構造が大きく変化している転換期であれば、新しい流通構造に対応した物流システムを提案することで、事業を拡大することができます。

このような視点から、ここでは流通構造の変化に対応して新しい物流サービスを考えた事例を紹介します。

R社は、農産物などの分野で、市場外取引に対応した物流システムの構築に挑戦しました。従来からの市場取引は年々減少の傾向にあります。それに反比例して市場外取引が増加しています。この背景には、小売市場で量販店などが占有率を高めている、という流通構造の変化があります。量販店は産地と直接取引することで仕入れ価格を下げ、小売市場での競争力を強化しています。

それに伴って市場外取引が増加しているのですが、従来の市場取引の中心にいた荷受会社や、仲買会社なども、どのように生き残っていくかを模索しています。これは市場取引の中で元請けをしていた運送事業者も同様です。

それに対して、市場外取引では、それに対応した物流システムが構築されていません。R社はそこにチャンスを見いだそうとしているのです。

またT社は、製造業の変化の中で新たなサービスを創造しようとしています。部品の製造拠点が海外にシフトし、国内はアッセンブリ工場になっています。するとコンテナで部品などが国内の工場に運ばれてくるようになります。今後ますますそのような傾向が強まるでしょう。そこで、海コンで運ばれてきた部品などのデバニングをし、在庫管理、アッセンブリ工場への部品納入などを行うために、T社ではピット型のセンターを建設したのです。

1 農産物などの市場外取引に対応した物流システムを構築

農産物などの市場取引は取引関係が多段階になっています。産地から消費者の手に届くまで、昔の流通構造では、このような複雑な商取引関係も必要だったのでしょう。

しかし現在では、小売り市場において大型量販店の占有率が高くなっています。周知のように量販店は市場外取引を拡大しています。流通段階を短縮することで仕入れコストを安くするとともに、産地から消費者までのリードタイムの短縮も図っているのです。

愛知県小牧市のR社では、このような市場外取引が拡大しつつある現実に対応し、物流コスト削減に対する荷主ニーズ、そして自社の収益性向上を図るために、自社の物流センターを活用した積合せ配送システムを構築しました。さらに荷主からの委託要請に応えて流通加工も行うようになったのです。

その結果、ドライバーの手待ち時間の大幅な短縮や、効率的な運行スケジュールによって積載率を50％から80％まで高めるなど、さまざまな効果がでています。さらに、パック詰めやＥＯＳ伝票発行、ピッキングなどの業務も受託することになったため、センターの稼働率も高まり、収益の向上につながっています。

社長交代を機に2006年夏から企業戦略を大きく転換

R社は2003年6月に設立された社歴の浅い事業者です。保有車両数は14台で、内訳は4t車が11台（うち冷凍車9台）、2t車が3台（うち冷凍車1台）です（取材時点）。従業員数は15人、その他にシルバー人材センターなどからの作業員がいます。このように規模的には典型的な中小トラック運送事業者といえます。

R社は、設立当初は酒類等のドライの食品関係の配送などからスタートしました。配送センター業務やデパートへの配送などを行っていたのです。しかし、採算性は良くありませんでした。ドライ食品はすでに大手事業者が物流システムを完成しています。そのため、後発の中小事業者が参入するのは難しかったからです。

そこで2006年8月に現社長に社長が交代したのを機に、企業戦略を大きく転換しました。市場外取引の拡大などで流通構造が大きく変化しつつある青果物などの分野に進出する、という経営方針を打ち出したのです。

流通構造が変化しつつある市場外取引の市場なら、まだ物流システムが確立されていません。後発の中小事業者にとってはチャンスという認識から、青果物などの市場外取引の物流に重点を移すことにしたのです。

青果物の主たる荷主である同県経済連の事業計画などによれば、市場出荷は前年対比で10%ずつの減少を予測する、といったように流通チャネルが大きく変化しています。それに反比例して市場外取引が拡大しているのです。これは小売り市場でスーパーなど量販店の占有率が高まっていることを意味しています。この傾向は今後ますます強まっていくでしょう。

このような流通構造の変化は、従来の市場取引を構成していた各流通段階の当事者にも新たな対応を迫っています。たとえば経済連の物流子会社などは長年の市場取引に慣れていたために、スーパーなどのニーズに充分に対応できているとは必ずしも言えません。市場の荷受会社も市場外取引が拡大する傾向の中で、産地などの川上に向かうのか、あるいは物流システムを武器にして川下にまで事業領域を拡大して行くのか、という大きな岐路に立っているのが現状です。

そこでR社は、以下のような経営戦略を構想しました。

市場取引ではセリで相場が決まっていましたが、市場外取引ではスーパーが経済連あるいは力のあるJAと相対で相場を決めます。それでも、出荷調整やパッケージ化などの流通加工は、市場の仲買が行っています。それを産地からR社の物流センターに直接持ち込み、R社の物流センターで流通加工や出荷調整を行い、さらに複数の荷主の生産物を積合せ配送することで積載効率の向上を図る。このような仕組みでコストダウンを実現する、という構想を打ち出しました。それによりR社が自社の収益性の向上を目指すことはもちろんです。

さらに産地からの引き取り業務などもR社が直接行えば、トレーサビリティなどの面からも信頼性が高まることになります。

このような構想をR社の有力な取引先の1つである、ある荷受会社に提案しました。その結果、提案したシステムを導入してやってみよう、ということになったのです。

メリットの源泉は市場を通さない1日分の時間にある

2006年夏から戦略転換し、提案・導入はそれ以降になるのですが、1年にも満たない間に、すでにさまざまな成果が出てきました。

たとえば従来は、仲買がパッケージ化などの作業を行っていました。R社のトラックは、その作業が終わるのを待って車両に積み込み、納品に出発していました。この間、ドライバーの手待ち時間の発生が避けられず、ムダな拘束時間がありました。

しかし、仲買から流通加工の作業を受託して、R社が自社のセンターで行うようになったことで、出荷・積み込み・出発の時間が正確に予測できるようになりました。したがって、ドライバーの手待ち時間は大幅に短縮できたのです。

さらに2007年4月からは、無選別の農産物をR社の物流センターに持ち込むようなJAも出てきました。従来は県内のJAの各集荷場で、農家の人達が等階級の選別作業を行っていました。だが、農家の人達の高齢化など人手不足で産地の作業態勢が整わなくなってきていたのです。また、等階級区分を消費者が本当に望んでいるのか、といった購買指向の変化の問題もあるようです。ともかく結果としては、農家は生産に集中し、等階級選別も含めて流通加工はR社が請ける、ということになったのです。

輸配送面でも収益性の向上が進んでいます。複数荷主の荷物の組み合わせと、車両のオペレーションを自社のイニシアティブでできるようになり、積載効率も50％から80％まで向上することができました。

自車両による県内配送では、スーパーの物流センターへの納品が主で、基本的には店舗配送は行いません。店舗配送を請けると車両台数とドライバーが必要になり、経営的に非効率になるからです。それでも、配送センターを持っていないスーパーには、店舗配送も行っています。これは荷主の要請なのですが、しかし、その場合でも無条件に仕事を請けることはしていません。R社側としても条件を提示して、話し合って配送を請けることにしています。

条件提示とは納品時間の問題です。たとえば各店舗でいっせいに販売するようなケースでは、いっせい発売日の1日前に納品するように荷主に提案して話し合います。納品時間に余裕を持たせれば、積載率などを考えて効率的な配車計画が立てられるからです。

納品時間に余裕を持たせて配送効率を高めることは、いっせい発売など特別な手配でも、物流コストを上げずにすみます。小売店側でも販売に支障はありません。そして運送事業者はローコスト・オ

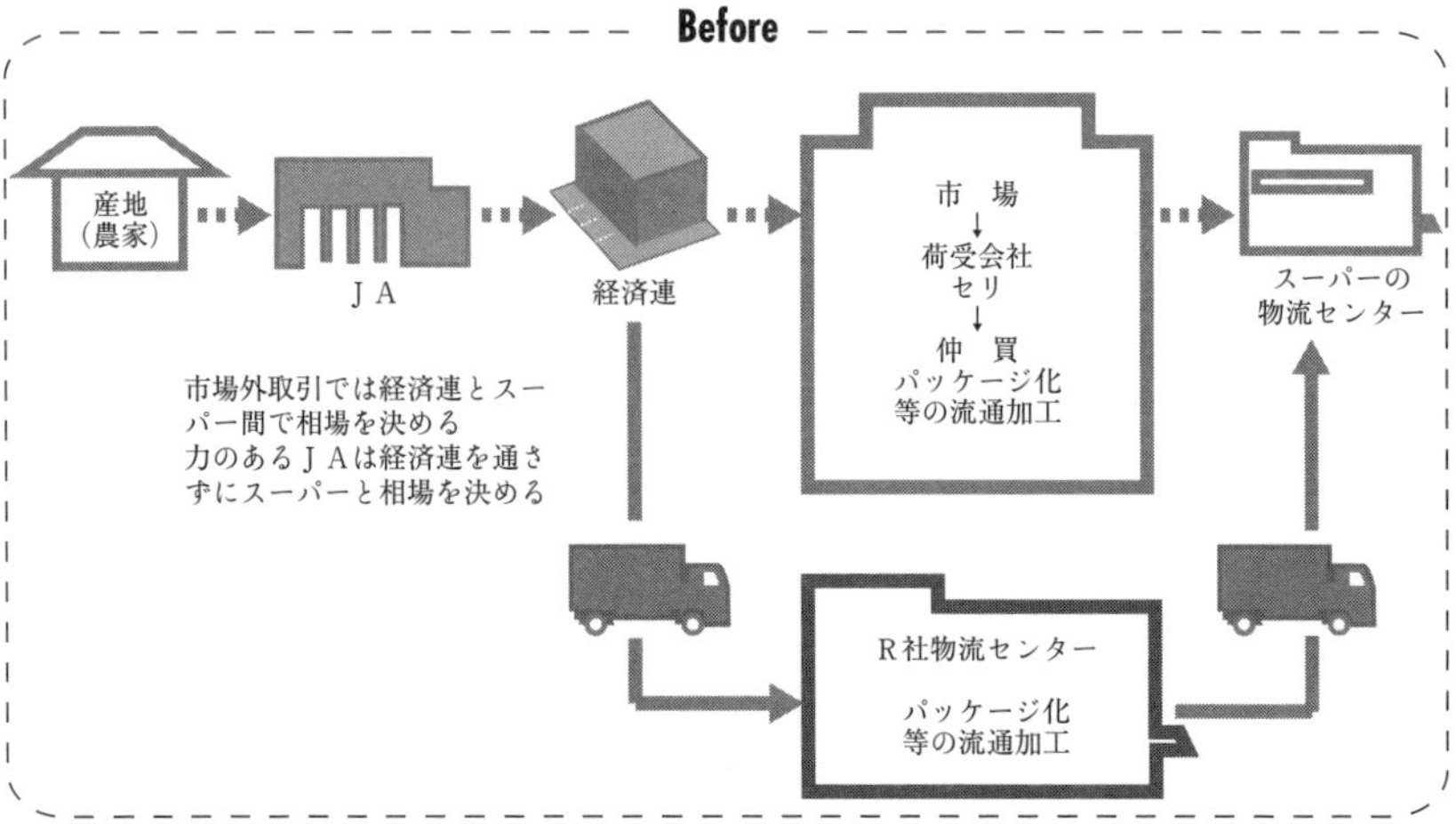
Before
産地
（農家）
ＪＡ
経済連
市　場
荷受会社
セリ
仲　買
パッケージ化
等の流通加工
スーパーの
物流センター
市場外取引では経済連とスーパー間で相場を決める
力のあるＪＡは経済連を通さずにスーパーと相場を決める
Ｒ社物流センター
パッケージ化
等の流通加工

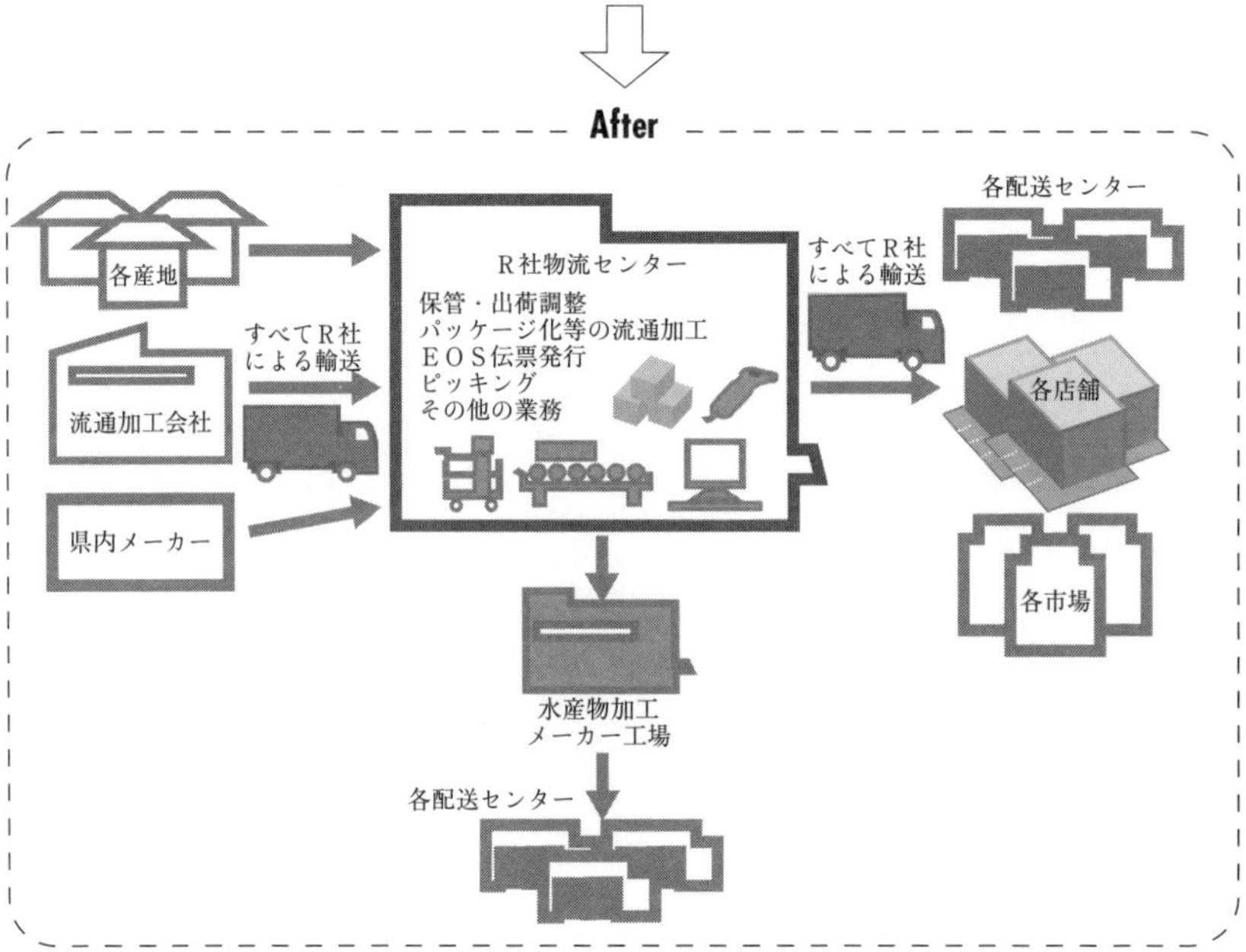
After
各産地
流通加工会社
県内メーカー
すべてＲ社
による輸送
Ｒ社物流センター
保管・出荷調整
パッケージ化等の流通加工
ＥＯＳ伝票発行
ピッキング
その他の業務
すべてＲ社
による輸送
各配送センター
各店舗
各市場
水産物加工
メーカー工場
各配送センター

ペレーションを実現できます。このように3者にとってそれぞれメリットがあります。この3者同時メリットのポイントは、市場を通さないことによって生じる1日分の時間差にその源泉があるのです。

R社では、朝スーパーの物流センターに納品した車両がそのまま産地の集荷場を回り、集荷しながらセンターに戻ります。これにより実車率を向上します。産地からの集荷も含めて、トータルで業務を行うことで、トレーサビリティも確実な仕組みが構築できます。R社では今後、トレーサビリティ面でさらに客観的に証明できるシステムの導入を考えています。

また、流通構造上からリードタイムを短縮する1つのプランとして、カット野菜のカット作業をフロー全体の中のどこに、どのように組み込むか、といったことも食品衛生法との関連も含めて検討しています。

分析とポイント

ポイント①…流通構造の変化に対応した事業への経営方針の転換

R社の設立は2003年6月ですから、まだ新しい会社です。しかも最初は下請け仕事など、あまり収益性は良くありませんでした。企業戦略を大きく転換したのも2006年8月ですから、まだそれほど時間が経っていません。

しかし、方向転換が奏功したといえます。もし設立当時のままで事業を行っていたら、ごく平凡な中小トラック運送事業者のままであったろうと思われます。また、市場外取引なら後発の中小事業者でもチャンスがある、という分析と判断も良かったといえます。構造的に確立された中に後から参入していくのでは、収益性が低いままの経営を余儀なくされたでしょう。その点、流通構造の変化に着目し、正しくトレンドを読んだことが、企業の大きな分岐点になりました。中小事業者でも、イニシアティブをとることができるようになったからです。

ポイント②…変化への対応に荷主も模索

R社の着眼点は、荷主にとっても渡りに舟だったことになります。市場の荷受会社や仲買会社にとっても、市場外流通が拡大する中で、自らの方向性を模索していたからです。荷受会社や仲買会社もR社と組むことで新たな方向性が見えてきた、ということもできるでしょう。

それだけではなく、産地も大きな転換期にあります。農業従事者の高齢化などです。R社に等階級の選別作業を委託したい、といった産地の事情も、社会の変化の中で生じてきた現象です。これは結果論的なことにもなりますが、そのような農産物の産地の変化にもR社の着眼点は適合したことになりました。

ポイント③…主体性を貫ける業務受託

日常の配送でも、手待ち時間の大幅な削減などを実現することができました。それだけでなく、いっせい発売などの商品の店舗配送でも、車両の輸送効率など、事業者側の主張を貫けるようになりました。

2 ピット型デバニング場で在庫管理なども一括受託

製造業の荷主では、海外で製造された部品を国内の工場でアッセンブリしたり、一部は海外で製品化して運ばれてくることもあります。このような傾向は今後ますます強くなって来るでしょう。

海外に部品製造などの拠点がシフトすると、国内のアッセンブリ工場には部品、製品とも、たいがいは40フィートコンテナで運ばれてきます。当然、デバニング（コンテナから荷物を取り出す作業）は不可欠です。さらに保管、在庫管理なども行わなければなりません。

従来はコンテナで工場まで運ばれてきた荷物を、工場内でデバニングし、一時保管のために事業者の倉庫までよこ持ちして、工場の加工、梱包作業などに合わせて再び工場に納入していました。しかし、保管、在庫管理もできるデバニング場を建設することで、よこ持ち輸送などのコスト削減を実現したのが、福井県坂井市のT社です。荷主の工場で行っている加工や梱包作業の一部もデバニング場で行い、T社の施設から直接、全国に出荷できるようにすることも考えています。

工作機械等の運搬・据付から出発し、ユニック車を活かした新分野を開拓

T社の設立は1971年で、最初は工作機械関係の運搬、据付などの業務からスタートしました。T社が所在する坂井市は福井県坂井郡の4町が合併して2006年3月に誕生した新しい市です。会社を設立した当時は、地元に工作機メーカーが10数社も存在していました。そのころの工作機械は、まだ手作動でした。

その後、工作機械のコンピュータ化が進むにつれて、技術の進歩についていけないメーカーは徐々に撤退を余儀なくされていきました。とくにバブル経済崩壊後は技術開発面ばかりでなく、景気低迷の影響も加わり、10数年ほど前からはこれら地元の工作機械メーカーが少なくなってきました。

このような時代の変遷の中で、現在では地元にある工作機メーカー（工場）は3社だけになっています。

これら主要顧客業界の変化を踏まえて、T社も経営戦略を転換しなければなりませんでした。そこで10年ほど前からは、長年の取引先である機械メーカーとの取引をより深耕すると同時に、新規の荷主開拓を併行的に進めることにしたのです。

新規の荷主としては電線関係の顧客のドラム輸送、テトラポットの型枠の荷主、産業資材関係の荷主などがあります。これら、この間に開拓してきた荷主は、いずれもユニック車を使用した運送です。

工作機械の運搬・据付で使用しているユニック車と自社の特徴を活かした分野で荷主を開拓してきたのです。既存の経営資源を活かした営業展開といえます。

その結果、現在では売上金額ベースで、機械関係がほぼ50％、その他の分野の荷主が50％という割合になっています。このようなことからT社の保有車両はユニック車が多くなっています。保有車両は21台で、内訳は大型平ボディ車3台、大型ユニック車4台、大型ウィング車3台、7ｔユニック車1台、4ｔ平ボディ車5台、4ｔウィング車1台、4ｔユニック車4台です（取材時点）。また、従業員数は28人という規模です。

２００７年9月から稼働したピット型デバニング場、ならびに在庫保管・管理倉庫による物流効率化について見ましょう。

前述のようにT社は、売上ベースで約50％を創業当時からの取引である工作機械関係で占めています。そのうちの約半分、つまり売上全体の約４分の1が、ある大手機械メーカーの地元工場との取引です。T社が提案して効率化を推進したのは、この荷主の物流です。既存荷主との取引をより深耕して行こう、という経営方針の一環です。

この荷主は工作機械の総合メーカーで全国各地に工場がありますが、T社が所在する地元の工場では主にバンドソーを製造、出荷しています。重量ベースでいうと２００kg程度の小型のものから10ｔ以上の大型の製品まであります。このうちT社の主たる取り扱い製品は1～10ｔです。

この間、荷主は部品を台湾でも製造するようになり、やがて製品の一部も台湾で作って、T社の地元工場に運ばれてくるようになりました。陸揚げは名古屋港が多くなっています。

台湾でも部品を作るようになった時に、当初は名古屋でデバニングして部品などの荷物だけを工場に運ぶ、という案もあったようです。しかし結果的には、名古屋港から工場まではそのままコンテナで運ぶことになりました。この海コン輸送は名古屋の事業者が行っています。

このように部品を台湾で作ってコンテナで工場まで運ぶようになったため、T社では従来から行っていた工場からの製品輸送だけではなく、デバニングも受託するようになりました。荷主の工場に従業員が行って作業をしていたのです。

この作業にはフォークリフト2台と約5人の作業員を要していました。ただし、常駐ではありません。入ってくる40フィートコンテナは月に10本程度です。そのため、ドライバーや配車担当者などが全体の作業ローテーションの中でやりくりし、忙しい時には経営者も現場に入るなどして対応していたのです。

しかし、工場が手狭で荷主も困っていました。しかも台湾で作る量が今後はさらに増える方向にあります。そのため、デバニングした部品や製品をT社の本社倉庫によこ持ちして一時保管していました。工場から協力会社の工場に運び、協力会社の工場からT社の倉庫に運ばれてくるケースもあります。

T社で一時保管している部品は製造計画に応じてもう一度工場に運んでいました。また、製品で入ってきて一時保管していたものも、最終的な一次加工や梱包のために、やはり倉庫から工場によこ持ち輸送して、工場から販売先に出荷していたのです。

このようなよこ持ち輸送は作業的にも非効率的で、当然、コストもかかります。それだけではなく、T社では本社倉庫だけでは足りないために、倉庫を賃借して保管しているような状態でした。

このようなことから、T社では新倉庫を建設しようという考えが以前からあったのです。折りしも2006年秋に倉庫用地が見つかりました。ここから倉庫建設計画が具体的に進んだのです。

ピット型で作業効率を高める提案に加工等も同所でとの要請

T社では新倉庫を建設するに当たって、これまで荷主の工場で行っていたデバニングもT社の倉庫で行うことで、デバニング場から保管場所までのよこ持ち輸送をなくすことを提案しました。さらにデバニングを効率化するために、ホーム型の倉庫ではなく倉庫の床と地面をフラットにし、トレーラを付ける部分をピット型にすることを提案したのです。

すると荷主側から、そこで加工や梱包作業もやるようにしてくれないか、という話がだされました。部品はともかく、製品で入ってきたものはT社倉庫で梱包などをして、T社の倉庫から直接出荷した方が効率的です。

実は、荷主は工場が手狭であったために、工場の近くに倉庫の増設などを考えていたのです。組立作業などが増えてきたために、資材置き場などが必要だったのです。

T社が倉庫を建ててデバニングもそこで行うようになれば、荷主は従来デバニングのために使用していたスペースを活用できます。すると資材置き場などを工場外に新たに確保する必要がなくなります。

一方、T社では、デバニングを荷主の工場に出向いて行っていましたが、作業の非効率性に気づいていました。ホーム型では倉庫の中にフォークリフトが1台と、倉庫外の地面の方にもう1台が必要になります。

たとえば40フィートコンテナが2本入ってきた場合のデバニング作業は、2台のフォークリフト（フォークマン2人）と3～4人の作業員で、約半日の時間がかかっていました。これはコンテナの奥の方の荷物を出す場合に、ハンドリフト2台が必要で、そのための要員も必要だからです。雨や雪などの場合にはさらに作業の効率が下がります。

T社ではバンステージも考えましたが、冬季の降雪などを考えると作業の安全性確保などに問題があります。いろいろ検討した結果、ピット型が一番良いという考えになったのです。

そこで新倉庫を建設する際には、最初からピット型を設計に組み込むことを構想していました。設計段階からピット型にしてしまえばスペースなどの制約は発生しないし、費用的にもイニシャルコストだけですむからです。

ピット型にすることで、デバニングは大幅に作業効率化が図れます。フォークリフト2台（フォークマン2人）と3～4人の作業員で約半日かかっていた40フィートコンテナ2本のデバニングが、ピット型にすることで、フォークリフト1台（フォークマン1人）と、安全のためにもう1人の要員をつけるだけで約1時間で可能になります。

デバニングと保管・在庫管理をT社の倉庫で行うようになると、これまでデバニング場（荷主の工場）からT社の倉庫まで運んでいたよこ持ち輸送がなくなってしまいます。T社にとってはその分の収入が減ってしまうことになります。

この荷主とT社の契約は、製品輸送については車建て契約、よこ持ち輸送は車両の大きさごとに1回幾らという契約でした。しかし実際には「付帯的な業務」として行っていたケースが少なくありません。そのため、よこ持ち輸送が減っても実質的な収入のマイナスは少なく、むしろドライバーの労働軽減につながります。また、冬場の降雪時の安全確保などの面からみると、よこ持ち輸送をなくした方が、メリットが大きいといいます。

効率的なデバニングを売りに他の荷主開拓にも取り組む

保管料や在庫管理料金は倉庫料金として一括され、坪単価で契約しています。しかし、将来は保管料と在庫管理料を分けて契約するようにしたいと、T社では考えているようです。

T社では製品輸送の輸送効率化も進めています。メインの荷主の地元工場の主な製品はバンドソーで、全国に出荷しています。このうち輸出向けの製品は、横浜の梱包会社に運びます。国内向けの出荷では、北陸3県の納品なら運送だけではなくT社で設置・据付まで行います。それ以外の地域への輸送では、各地域に設置・据付のできる事業者がいますので、それらの事業者まで運び、設置・据付はT社では行いません。逆に、各地域から北陸3県に入ってくる製品は、T社まで運ばれて設置・据付はT社が請けるという形になっています。

帰り荷は、同じ荷主の各地の工場からの製品をできるだけ積んで帰るようにしています。旋盤や研磨機、レーザー加工機、タレットパンチプレスなど、各地の工場で製造している製品がそれぞれ異なるため、それら製品の北陸3県への輸送ならびに据付などをT社が行うのです。

今後の展開としては、ピット型デバニング場による効率的作業を武器に新規開拓を展開していきます。T社は北陸自動車道の丸岡インターチェンジと、福井県最大の工業団地であるテクノポート福井のちょうど中間に所在しています。このような同社の地の利を生かすことにもなります。

テクノポートに入っている製造業の工場には、海外から海上コンテナが多数運ばれてきます。これら海外から運ばれてくる海コンは、増加の傾向にあります。その中には海外で作られた部品なども少なくありません。そこで、これら海コンで運ばれてくる部品などのデバニングを、T社のピット型デバニング場で効率的に行うことでコストダウンになることをアピールしていこう、という営業戦略です。

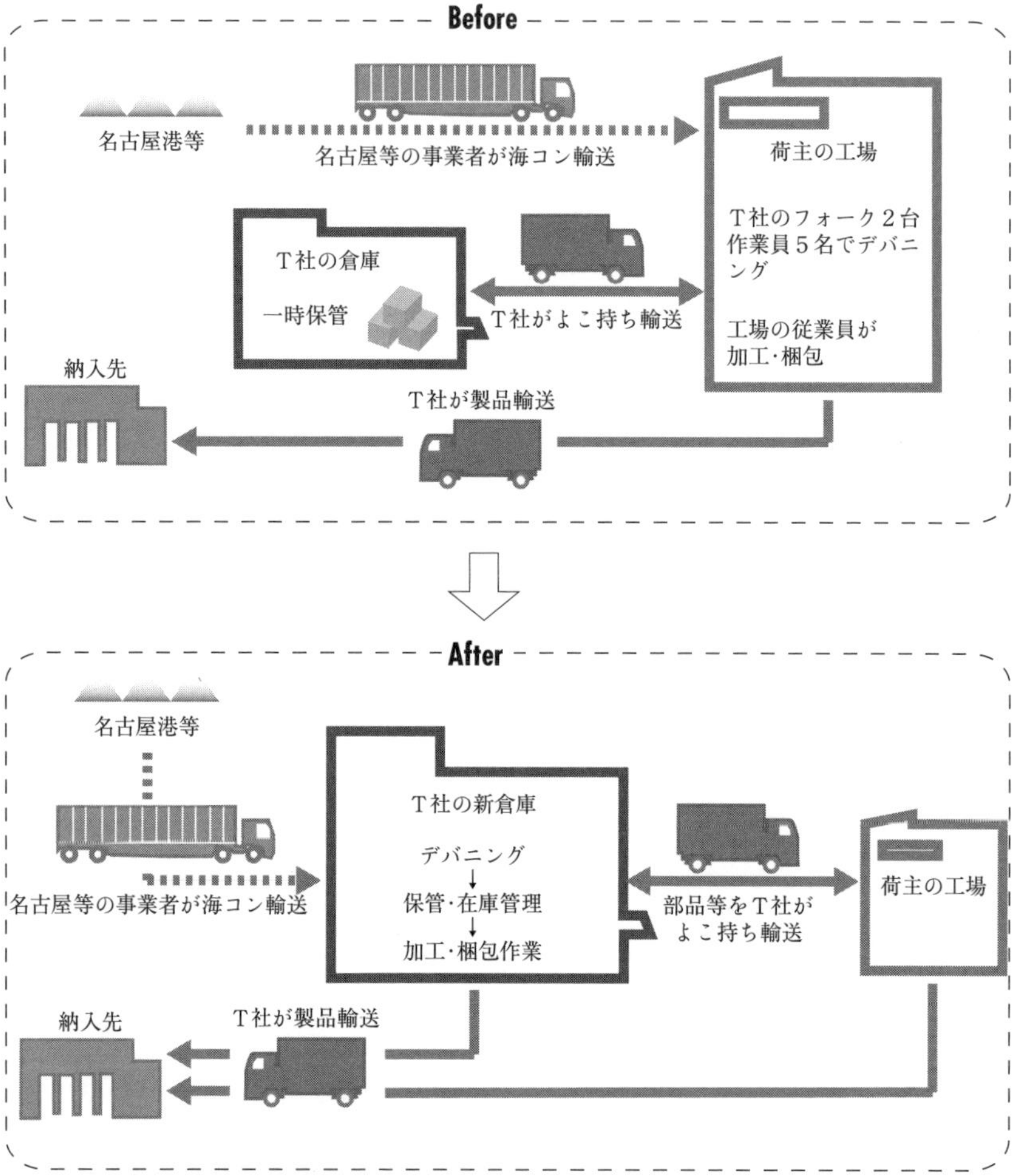
Before
名古屋港等
名古屋等の事業者が海コン輸送
荷主の工場
T社のフォーク２台作業員５名でデバニング
工場の従業員が加工･梱包
T社の倉庫
一時保管
T社がよこ持ち輸送
納入先
T社が製品輸送
After
名古屋港等
名古屋等の事業者が海コン輸送
T社の新倉庫
デバニング
保管･在庫管理
加工･梱包作業
部品等をT社がよこ持ち輸送
荷主の工場
納入先
T社が製品輸送

分析とポイント

ポイント①…部品等の生産が海外にシフトという変化に着目

製造業では製造拠点を海外にシフトしています。言うまでもなく、人件費など製造コストを削減し、国際競争力を強めるためです。

海外で最終製品にして世界中に出荷し、日本国内にも最終製品にして運んでくる商品もあります。しかし、部品だけを海外で生産し、部品を日本に運んできて国内工場でアッセンブリして最終製品にすることもあります。T社のメインの荷主はそのようなケースです。

T社はこのような生産拠点の海外シフトという変化に着目しました。

ポイント②…ピット型でデバニングの効率化を図る

デバニングを荷主の工場内で請け負っていたT社は、自社の倉庫をピット型にし、そこでデバニングすることでコストを削減できると考えました。荷主側でも、それならばその倉庫で部品の保管・在庫管理をした方がコストダウンになると考えました。工場に運ばれてきた部品等を、一度、工場外の倉庫によこ持ち輸送し、工場の生産工程に応じて再び工場まで納品する非効率な仕組みを効率化したいというものです。

このように、Ｔ社と荷主の考えが一致したのです。

ポイント③…産業構造の変化と自社の立地条件

Ｔ社では自社の立地条件を活かして、仕事を拡大したいと考えています。

北陸自動車道の丸岡インターチェンジとテクノポート福井の中間に位置するという立地条件です。ロケーションは物流効率化の重要なファクターの１つといえます（それでだけではないですが）。

このロケーションに、設備投資したピット型のデバニング場を結びつけて、効率化の提案をしていこうという考えです。

その前提としては、部品等の製造拠点が海外にシフトしていて、国内の工場ではアッセンブリを行うようになった、という構造変化があります。この３つの要素を結びつけて新たなサービスを展開しようとしているのです。

Ⅳ．アライアンス型

トラック運送事業者のアライアンスはまだ少ないといえます。アライアンスの必要性は分かっていても、いざとなるとなかなか上手くはいかないものです。アライアンスが上手くいかない理由はいろいろありますが、その中でも一番大きな理由は、総論では賛成でも、各論では反対となるからです。

では、なぜ総論賛成、各論反対になるのでしょうか。それは、各論になると、アライアンス・メンバー同士がそれぞれの既得権益を相互に侵食するようになるからです。

その反対の好例は、特積み事業者同士のアライアンスによる中ロット貨物のボックスチャーターでしょう。ボックスチャーターは株式会社の会社名で、同社がフランチャイザーになり、特積み各社は商品の販売営業権を持つフランチャイジーという関係です。そして幹線輸送や配送業務はザーがジーに業務委託するという仕組みです（集荷は営業会社〈フランチャイジー〉が行う仕組みです）。これは特積み事業者同士のアライアンスです。

ボックスチャーターがなぜ、上手くいっているのかと言いますと、中ロットの積合せというマーケットは、従来は一般事業者の市場でした。したがって、特積み事業者同士が手を結んでも、メンバー同士が既得権益を侵食し合うことにならないからです（厳密にはメンバーの1社だけが重複する輸送商品を持っています）。ですから各論反対にならないのです。

特積みという同じ業態の事業者同士が、アライアンスによって従来の一般事業者の市場に参入し、新たな市場を開拓しているというのが、成功の最大の理由です。これは運輸業界おいては希有なケースといえます。

このように見ますと、アライアンスが成功するには総論賛成で各論反対にならないような関係の構築が必要、ということになります。

すると、大手事業者同士のアライアンスでは、異なる業態の事業者同士が手を結ぶことでサービスのフルライン化を図る、といったケースが考えられます。たとえば、荷主の構内作業から出荷作業を行い、さらに全国に物流拠点をもって物流全体をカバーするといったタイプの大手事業者と、全国規模の特積み事業者の組合せなどです。

また、中堅事業者同士のアライアンスでは、同じような業態で、同じ程度のサービスレベルにある事業者同士が手を結ぶことで、サービスエリアの拡大を図る、といったケースが考えられます。たとえば、運輸局単位ぐらいのエリアで事業を展開していて、物流センターの管理・運営から店舗配送までの一括受託を得意としているようなタイプの事業者同士のアライアンスなどです。それぞれが自社の強いエリアに経営資源を集中し、提携によって全国展開の荷主に均質のサービスを提供する、といったケースです。

ところで中小事業者ほど、1社では不可能なサービスをアライアンスによって可能にし、大手・中堅事業者に対抗できるサービスを構築することが必要です。しかし、中小事業者のアライアンスはあまり見られません。求車・求貨システムなどはありますが、これは手持ちの荷物を自車両で運ぶのではなく、他社の帰り荷として斡旋するのが主たる活用方法です。つまり、アライアンスによって初めて可能になる新サービスの創造とは違いますし、戦略的なビヘイビアとは言えません。

中小事業者同士のアライアンスで一番重要なことは、お互いの保管施設等の経営資源を活かし合ったり、車両の稼働効率の向上につなげたりすることと同時に、アライアンスによって可能になる新サービスの創造です。このような観点から、ここではあえてアライアンス型という分類を設けてみました。

S社は北陸から関東に建材等を運んでいますが、関東のI社、K社と提携することで、車両の稼働効率を向上するようなさまざまなパターンの荷物の組合せを可能にしました。I社とK社も北陸に運ぶ荷物を持っていますから、同じようにS社の地元の拠点を活用したりして、多様なパターンのフローを実現しています。つまり、単なる帰り荷の相互斡旋とは次元の違う、戦略性を持った中小事業者同士の提携です。

N社は中国地方の中山間地域の事業者で、自ら運ぶものを創造するという挑戦もしています。そのような中で、新たにチルド輸送の分野に進出しましたが、関西のK社と提携することで車両の稼働効率の向上などを図りました。一方のK社も、単に傭車に荷物を委託するというレベルの関係ではなく、戦略性を持った提携関係を構築し、収益性の向上を図っています。

1 アライアンスによる輸送のシステム化で収益向上を図る

1965年に会社を設立した石川県能美市のS社は、当初は路線事業者の貨物取り扱いからスタートしました。翌年の1966年に運送事業免許（当時）を取得して、集配業務も受託するようになったのです。

しかし、路線事業者はやがて自社ネットワークの拡大・充実を進めるようになりました。自社で営業所を出して、集配業務を直接行うようになってきたのです。そのために、S社の仕事量は減少してきました。

このような折り、小松工業団地に工場進出したあるパーティション・メーカーの仕事を受託するようになったのです。当時はまだ建材メーカーの北陸3県における配送体制が充分には整っていなかったからです。

このような経緯から、S社の取り扱い荷物は、現在でもパーティション、クローゼット、住宅用ドアなどの建材が主になっています。取引形態としてはパーティション・メーカーの場合には物流子会社が介在し、輸送先などの指示は物流子会社から出てきます。契約は貸切がほとんどで、輸送先は現場あるいは営業所です。たいていは1カ所降ろし、多くても2カ所降ろしという輸送業務です。

このパーティション・メーカーの仕事は、当初、北陸3県を主とした近場の輸送でしたが、1989～1990年ごろ、関東方面への長距離輸送の依頼がありました。それまでは関東方面への輸送は他の事業者が1社で独占的に行っていて、S社は北陸エリアの地場配送だけでした。しかし、今度は関東方面への長距離輸送についても依頼が入ったのです。

北陸には関西方面への輸送をしている事業者は多数いますが、関東向けの事業者は比較的少なかったのです。そこでS社では、パーティションの荷主をベースカーゴに、住宅用建材や建設部品などの荷主も含めて、関東向けの長距離輸送の比率を徐々に拡大する方針を打ち出しました。

とはいっても、明確に方針を打ち出すまでには時間がかかりました。小ロット・中ロット貨物を積み合わせて積載率を高め、また確実な帰り荷の確保で実車率を高め、北陸と関東を結ぶ独自のサービス・システムの構築を目指す、という基本方針を明確にしたのは今から約9年ほど前でした。全従業員を前に、会社の進む道はこの方向だと基本方針を示して、付いてくるか否かを従業員1人ひとりに迫ったのです。これは会社の基本方針を全従業員に浸透するためでした。

帰り荷確保や運賃設定などにも工夫を凝らして収益性アップに取り組む

それまでの間にS社では倉庫業にも進出し、危険物の保管なども行っていました。関東から入ってくる染料やインクなどの化成品類を危険物倉庫で一時預かり、地場の染色工場などに納品する仕事もしていたのです。

そこで関東方面への建材輸送の依頼を受けたのを機に、地元から関東へはパーティションなどを運び、帰り荷として化成品（ドラム缶）を積んで帰れば実車率を高めることができる、と考えました。それまでは関東からS社倉庫までの化成品の幹線輸送は、他の事業者が行っていたのですが、帰り荷としてS社が運ぶようにすれば、荷主にとっても輸送効率の向上になります。そこで化成品メーカーの荷主にアプローチしたのです。

ところが、そんな簡単にはいきませんでした。染料などの化成品は危険物です。そのために、荷主も簡単には運送事業者を代えようとしません。もちろん、S社ではドライバーに危険物取扱者（丙種）の資格を取得させたりして、業務を受託できる態勢は整えました。しかし、荷主はかなり慎重でした。

そこで当初は、取扱事業者から帰り荷として仕事を請けるような形をとったのです。このような契約が約5年間ほど続きました。その後、S社は危険物輸送などを行っている大手同業者に、ダミーで荷主との契約者になってもらうことにしました。S社が荷主と取引しているのと実質的には同じですが、契約上は大手事業者を経由してS社が下請けとして仕事を請ける形をとったのです。

荷主としてはリスクヘッジの意味もあったのでしょう。また、S社としては安全性などの面で実績をつんで、荷主との直接契約を実現するための迂回作戦だったのです。結局このダミー契約も長年続き、S社と荷主が取引契約を直接締結することができたのは２００６年9月からでした。

このような変遷を経て、企業規模は従業員数が23名で、保有車両数は24台（大型車4台、4t車18台、2t車2台。ウィング車と平ボディ車）になっています（取材時点）。長距離と地場の比率では、北陸～関東の長距離輸送（大型車3台、4t車9台）、北陸周辺の近場配送（大型車1台、4t車9台、2t車2台）がほぼ50％ずつの割合です。

このように関東（千葉）から地元までの帰り荷は、長年の努力が実って直接取引の荷主を確保することができたのですが、それだけでは実車率の向上に限りがあります。もっと帰り荷をコンスタントに確保しなければ収益性の向上は図れません。

ドライバーも、地元を出発する前に帰り荷を確保してあった方が安心して出発できます。化成品は計画生産なので北陸に輸送してくる出荷情報が比較的早く分かります。ところが、地元発の荷物である建材の関東方面への輸送の最大の問題点は、その都度、荷主の指示によって納品先が違うことです。パレット輸送で基本的には1カ所降ろしなのですが、輸送先が関東1都7県と広域にわたっています。さらに時間指定や納品カ所が増加する傾向にあります。このようなことから、千葉からの化成品の帰り荷が確保できていても、それだけでは車両の効率的なオペレーションができません。そのため、他の荷物も確保しなければならなかったのです。

そこで、群馬県渋川市のI社と、伊勢崎市のK社と3社間で業務提携し、3社がお互いに効率性を向上できるような積合せシステムを構築することにしました。独自にさまざまな工夫・努力をした上で、さらにアライアンスによる車両効率の向上を目指すということです。

このアライアンスについて見る前に、運賃設定やその他の収益性向上へのS社の工夫について紹介ましょう。

関東からS社倉庫までの化成品輸送では、重量ベースで運賃を契約しています。10t以上の場合はkg当たり何円、10t以下の場合はkg当たり何円（10t以上の場合よりもkg当たり1円高く設定）、5t以下の場合には10t以下の金額と同じですが、他の荷物との積合せを認めるという契約です。

地元から関東エリアへの建材輸送は、基本的にはチャーター契約です。納品先は現場または横浜市と埼玉県戸田市にある荷主のセンターです。パレット輸送で、積み込み時はフォークによる積み込み。納品時は荷主のセンターの場合、フォークによる荷卸しですが、現場納品では手降ろしでパレットを即回収します。

ここまではS社も、同じ荷主の仕事をしている他の事業者も同様です。しかし、ここから先が同業他社とS社は異なります。

他の事業者は、荷主のセンター（横浜または戸田）に比較的近い現場への配送なら、そのまま空パレットを荷主のセンターに持ち込みます。そして、センターにプールされていた空パレットも合わせて帰り荷として積んで帰る場合には、空パレット1枚幾らという運賃契約をしています。また、センターが遠い現場への配送の場合には、空パレットを路線事業者のターミナルに持ち込み、路線便を使って回収します。この場合の運賃は往きの運賃の何％増しという契約になっています。

それに対してＳ社は、他の事業者とは異なる契約をしています。空パレット回収については、最初から往きの運賃の何％増しというトータル金額で運賃を請求します。しかし、路線のターミナルには持ち込まず、提携事業者であるＩ社やＫ社に一時預けをします。そして、いつ回収して北陸に持ち帰るかはＳ社が自分で判断するようにしているのです。空パレット回収は帰り荷の積載率や帰り荷運賃の収受額などから判断し、Ｓ社が自社に都合の良い便に積んで帰るようにしたのです。

もちろん空のパレットだけではなく、関東から北陸に運ばれるその他の荷物も帰り荷として確保することが重要です。このように輸送効率の向上を図るためには、関東から北陸に荷物を運んでいる同業者とのアライアンスが必要になります。

このようなことから、日貨協連の会合などを通して知り合い、これまでも荷物を融通し合っていたＩ社とＫ社の３社間で明確な戦略に基づく業務提携を締結することにしました。提携に向けての本格的な準備を２００６年７月頃から開始し、２００６年10月に正式に戦略的業務提携を結びました。

では、３社間でアライアンスを構築する以前と以後では、どのように変わったのでしょうか。まずＩ社、Ｋ社との業務提携前は、帰り荷が一定しませんでした。また、帰り荷があったとしても、帰り荷の積み込み先まで移動距離があったりしました。そのために帰り荷を積むために移動時間がかかり、その分、燃料代も多くかかっていました。また、時間指定納品が増えてきており、積載効率も悪くなり収益性が低下しつつありました。

しかし、Ｉ社とＫ社との業務提携により、多様な荷物の組合せが可能になったのです。まず北陸からの発荷物では、パーティションなどの荷物をベースカーゴにし、自社センターで他の荷主の荷物との積合せをします。このような混載輸送をはじめてから、他の荷主の関東向けの荷物も増えてきました。これらの荷物は、地元で近場の配送をしている車両が、配送の帰りに集荷してくるようにして集荷コストを低く押さえています。

なお、関東向けの長距離輸送では、午後3時以降の出荷では高速道路を利用しなければなりません。積合せ輸送を前提にしているので、出荷が午後3時以降になる場合には、一番遅く荷物を出す荷主に高速利用料金を請求するというルールにしています。さらに、高速道路の走行時速も80㎞/時に社内速度を決めています。出荷が遅れたために納品が遅れても、S社の責任ではない、という契約にしているといいます。

S社のセンターからは、ロットがまとまる荷物は関東の納品先（複数ある）に直行します。積載率の低い車両は、提携先のI社やK社のセンターに寄り、I社やK社が関東圏内に配送する荷物も積合せて納品するようにします。その際、I社だけあるいはK社だけの荷物を積合せる場合もあれば、S社の荷物にI社とK社の3社分の荷物を積合せて納品する場合もあります。

また、S社が自社で直接配送するのではなく、I社やK社に配送してもらった方が効率的な荷物は、I社やK社のセンターに降ろし、I社やK社の荷物でもS社が積合せて配送した方が効率的な荷物を積み込んでいきます。

このようにI社とK社との業務提携によって、往路の荷物も復路の荷物も多様な組合せが可能になりました。

提携先のこれら2社では北陸向けの荷物も持っています。I社やK社にとっても、自車両で運ぶよりS社に委託した方が効率的な場合があります。もちろんI社やK社が自車両でS社のセンターに持ち込んで、それから先の北陸圏内の配送をS社に依頼することもできます。

S社の帰り荷の仕組みについて、少し説明をしましょう。化成品メーカーとは2006年9月から直接契約になりましたが、それ以外でもI社やK社のセンターに寄って北陸向けの荷物を積合せて帰って来ることができるようになりました。基本的なパターンでは、S社のセンター経由で北陸3県に配送する荷物は大型車でS社センターに輸送します。I社やK社のセンターで積み合わせた荷物を、北陸の配送先に直行便で納品するのは主に4t車です。福井県行きの荷物は、石川県経由のケースもあります。富山県行きの荷物はよこ持ちになることもあります。

このように北陸と関東間で小ロットや中ロットの独自の積合せ輸送サービス・システムを構築することで、北陸から関東向けに荷物を出している荷主の開拓も進んでいます。荷主を多数に分散することで、リスクを分散するとともに運賃交渉力を高め、収益性を向上するというのがS社の基本的な考え方です。

梱包が簡素で軽量な荷物の積合せに特化した事業展開を指向

S社では、梱包が簡素で軽量な荷物の積合せに特化した事業展開を今後も推し進めていく方針です。しかし、路線事業者のアライアンスによる中ロット市場への参入に対抗するには、路線同盟軍との差別化を図らなければなりません。その1つが、積み替え回数が少ない積合せ輸送サービスです。そこでS社では、北陸3県内の近場の配送でも、納品カ所を最大でも5カ所以内に押さえるなどの工夫を凝らしています。

またS社は、2007年夏に群馬県に営業所を開設しました。これには、群馬県の業務提携先である渋川市のI社も、伊勢崎市のK社も同意しているので、提携先との関係には何ら問題がありません。S社の群馬営業所の開設は、北陸～関東の長距離運行車両の配車管理を行うのが第1段階の目的です。北陸3県の近場の配送車両の配車管理は、従来通り本社で行い、北陸～関東の長距離運行車両は群馬営業所で配車を行うようにするのです。これにより、積み合わせる荷物のより効率的な組合せをキメ細かく行うことが可能になります。それによって長距離運行車両の積載効率を一層向上できるからです。

また、群馬営業所では第2段階として提携先のI社やK社とバッティングしない荷物の開拓も進める計画です。北陸3県と同様に、関東ローカルの荷物の開拓を行うことで、関東ローカルの積合せ可

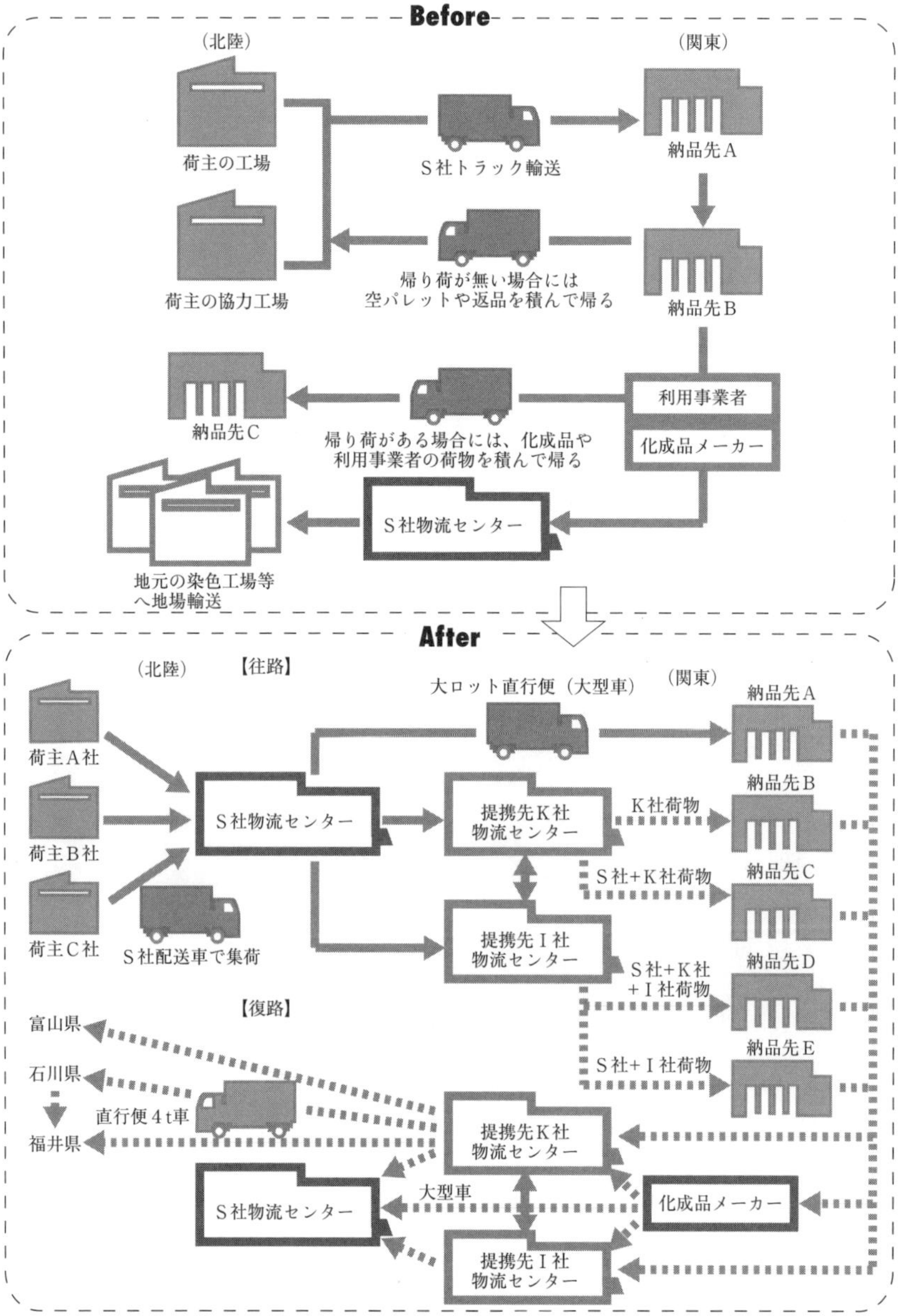
Before
（北陸）
（関東）
荷主の工場
S社トラック輸送
納品先A
荷主の協力工場
帰り荷が無い場合には
空パレットや返品を積んで帰る
納品先B
納品先C
帰り荷がある場合には、化成品や
利用事業者の荷物を積んで帰る
利用事業者
化成品メーカー
S社物流センター
地元の染色工場等
へ地場輸送
After
（北陸）
【往路】
大ロット直行便（大型車）
（関東）
納品先A
荷主A社
S社物流センター
提携先K社
物流センター
K社荷物
納品先B
荷主B社
S社+K社荷物
納品先C
荷主C社
S社配送車で集荷
提携先I社
物流センター
S社+K社
+I社荷物
納品先D
【復路】
富山県
S社+I社荷物
納品先E
石川県
直行便4t車
福井県
提携先K社
物流センター
S社物流センター
大型車
化成品メーカー
提携先I社
物流センター

能な荷物を増やします。そうすることで、関東エリアにおける配送効率の向上を図るのです。関東ローカルの荷物が増加すれば、I社とK社の車両効率の向上にもつながる、というのが3社の狙いなのです。

同様のシステムは関西の事業者との業務提携によって、北陸～関西間にも応用できます。ただし、北陸～関西間の荷物は運賃水準が低く、また、往復の荷物量がイーブンにはなりにくいために、あまり魅力がないといいます。それよりも、荷物量からすると北陸～関東間の市場に当面は力を注ぐことを優先的に位置づけて取り組んだ方が良い、というのがS社の考えです。

分析とポイント

ポイント①…帰り荷確保のための努力

長距離輸送では帰り荷の確保が重要です。言うまでもなく、長い距離を空車で帰ってきたのでは採算が取れません。S社は、自社の危険物倉庫に運ばれてきている化成品を、自社の帰り荷として直接契約が実現するまでに、長年かけて大変な努力をしています。契約を直接締結できるようになるまでの暫定的な対応策として、危険物輸送の大手事業者をダミーの契約者に仕立てるなどといった発想には、感心します。そのようなことを考え出せる中小事業者は、あまりいないのではないでしょうか。

このような発想と努力の延長線上に、アライアンスがあります。先にアライアンスありきではなく、自社の収益向上への努力の中から、必然的に同業者との戦略的な提携に至っているのです。

ポイント②…単なる帰り荷斡旋ではない戦略性を持った提携

収益を向上するにはどのようにするか、という一貫した取り組みの線上に戦略的提携があります。したがって、単なる帰り荷の斡旋とは違う、さまざまな荷物の組合せなどが実現できました。地方から大型車で都市部に来て、帰りも大型車1台分の荷物を探してもない。だが、4ｔ車2台分の荷物を積み合わせて帰るという柔軟性があれば、帰り荷確保の可能性が拡がります。そのために提携先のセンターでクロスドックする、と考えれば分かりやすいでしょう。

さらに群馬営業所の新設で、近距離と長距離輸送の配車管理を分け、より効率的なオペレーションを実現するという発想も参考になります。

ポイント③…運賃契約での工夫

S社では、発荷主の空パレットの回収でも、他の事業者とは違う契約をしています。積載効率などを考えて、自社の裁量の幅を確保できる契約です。また、高速道路を使用しなければならない場合でも、積合せを前提にした契約なのだから、午後3時以降に一番遅く出荷した荷主が高速料金を負担することをルール化して契約するなど、他の事業者にも参考になります。

2 カット野菜工場の操業開始を機にチルド輸送に進出

「食料・農業・農村基本法」の第35条では、「山間地及びその周辺の地域その他の地勢等の地理的条件が悪く、農業の生産条件が不利な地域」を「中山間地域」と定義しています。一般的には、都市部あるいは平地ではなく、耕地の少ない中間農業地域や山間農業地域を「中山間地域」あるいは「中山間部」と表現しているようです。

中小規模のトラック運送事業者にとって、地元発の荷物の有無が当面の業績や企業の将来性に大きく影響します。

もちろん、地元で消費される消費財を都市部から輸送して地場配送するという、地元への流入貨物をメインにした事業形態で成功している中小事業者もいます。しかし、多くの中小事業者は地元発の荷物の輸送を主体に事業を営んでいるのが実態です。これは第I章で見た通りです。

ところが、中山間地域のトラック運送事業者においては、地元発の荷物の自然増加はなかなか期待できません。農業の生産条件が不利な上に、高齢化の進行などによって農業も衰退傾向にあります。特産品を持つ地域でも、後継者の問題などがあって難しいのが現状です。林業も輸入木材が主流になっています。工場の誘致なども厳く、さらに公共事業も減少しています。

このように明るい材料に乏しい中山間地域の状況の中で、トラック運送事業を発展させて行くにはどのような方策があるのでしょうか。運ぶ荷物を事業者自身で生み出す、というのも1つの方法です。トラック運送事業者に限らず、中山間地域の中小企業経営者たちはさまざまな形で地元の活性化に取り組んでいます。共同出資によって農業法人を設立して地元の農業の活性化を図ったり、PFI（Private Finance Initiative）で公共施設を造り、施設建設の過程で仕事を自ら作りだし、施設完成後は施設の運営で若い人たちの雇用の場を創造するなどの取り組みです。

島根県邑智郡邑南町のN社も、そのような中山間地域にある中小トラック運送事業者の1社です。N社は社長も共同出資者の1人として資本参加して地元に設立した野菜のカット加工会社が、2008年に操業を開始するのを機に、チルドの食品輸送分野に参入することにしました。しかも、地元発のカット野菜の輸配送だけではなく、野菜のカット工場の取引上の関係から、大阪・羽曳野市の事業者であるK社とも提携して荷物の発着バランスがとれるような仕組みを構築したのです。さらに岡山県内にK社と共同の中継基地も設けます。

ダンプから出発したが公共事業頼りからいち早く脱却を図る

N社は1990年の設立で、当初はダンプで仕事を始めました。仕事の性格上、いまでも地元の建設会社とは深い関係にあります。建設会社も公共事業が減少していく中で、新たな事業分野に進出していく必要がありますが、地元の雇用拡大なども目的に共同出資して設立したのが野菜のカット作業を行う会社です。このような関係でN社の社長も出資者の1人としてカット野菜会社の設立に参加しました。

しかし、それよりずっと以前から、N社としては、ダンプ輸送だけでは将来性が望めないという考えに基づき、設立2年後の1992年には一般貨物運送事業の許可を取得しました。そして今から13～14年前には、建設需要に依存した運送には見切りをつけたといいます。周りの多くの企業は公共事業に頼った仕事で生計を立てていましたが、建設需要依存のままでは将来性が望めないと判断したのです。

そこで第1段階としてダンプの売上比率を30%に下げることにしました。やはり建設関係ですが、民需の建築用の部材の輸送、建設現場から排出される廃材の輸送（産業廃棄物収集運搬）。さらに地元には畜産会社2社（4農場）があり、主な畜産品は豚ですが、豚の輸送は競合が少ないこともあって参入しました。また畜産に必要な飼料の輸送も行うようにしたのです。

従業員数は10人（一般貸切旅客や飲食業なども行っていますが、それらの従業員は含まず）で保有台数は10台（取材時点）。保有車両の内訳はバルク・トレーラ1セット、大型増トン・ウィング型バン車2台、大型増トン畜産車2台、4tバン車3台、4tユニック車1台、産廃用ダンプ車1台です。輸送分野別の売上構成比率は畜産関係70%、建築資材関係20%、その他10%という割合になっています。

売上構成比で70％を占める畜産関係では、主に豚の輸送と飼料の輸送を行っています。地元の畜産会社２社４農場からは年間約４万頭の豚が出荷されています。これは島根県の豚の出荷数の約65％を占めるといいます。輸送先は大田市にある県の食肉公社や兵庫県西宮市などです。

通常の豚の輸送では、大型増トン車でも１台に60頭しか積めません。しかしN社では、架装メーカーと共同で２階建て車両を開発し、上下50頭ずつ計１００頭を運べる車両を導入しました。２階建てで豚を運ぶ車両はすでに他のメーカーが開発していましたが、より使用しやすいように独自の工夫を凝らした車両です。開発過程では技術的に苦労したといいますが、輸送効率化として経営革新計画の承認を得て、２００５年10月に車両を導入しました。このトラックは、ウィークデイは毎日稼働しています。

このようにN社では公共事業に頼る経営からの転換をこの間に図ってきました。しかし、さらにダンプなど公共事業関係の売上比率を10％以下にするには、その他の分野の荷物を開拓する必要があります。

このような流れの一環として、これまで全く行っていなかったチルドの食品関係輸送に進出することにしたのです。その契機になったのが、地元のカット野菜工場の操業開始です。

このカット野菜工場は、地元の各企業の経営者たちが共同出資して設立した会社で、ある大手スーパーのカット野菜の製造を行っている関西の野菜カット会社から委託を請けてカット野菜を製造します。元請けの野菜カット会社は大阪に7工場を持ち、関西・中国・四国・九州地域の市場をカバーしていました。しかし、この関西の野菜カット会社では、中国地方に工場を持ち、その工場から中国・四国地域をカバーする方向にあります。

このようなことから、2006年ごろから地元振興のための話をしていた地元有志が出資し、2007年9月に会社を設立して、野菜のカット作業を受託することにしたのです。

N社は運送会社として、カット野菜を輸配送する仕事を担当することになりました。チルドの食品輸送分野への初めての参入です。

一方、関西のカット野菜の元請け会社には、ある大手スーパーの関西・中国・四国・九州の物流センターまでカット野菜を輸送しているK社がいます。そこでN社では羽曳野市に本社があるK社と提携し、荷物の相互融通などによって効率的な輸送・配送の仕組みを構築することにしたのです。

N社とK車の社長同士では、連携して仕事をしていくことを以前から電話で何度も話をしていました。そして2007年9月に両社で基本契約を締結したのです。

従来はK社が取次などをして九州までカバーしていました。しかし今後は、岡山以西をN社が担当するようにします。

これには関西にある野菜カット会社の政策もからんでいるようです。いずれは共同出資した野菜カット会社が、ある大手スーパーの中国、四国地域のカット野菜をカバーする方向にあるようです。したがって、工場の生産能力の増強に伴って、N社が輸送面でも岡山以西を担当するようになるという予定です。しかし最初は県内配送の他に、広島県、山口県の瀬戸内海側、岡山県、米子市などへの配送業務からのスタートです。

カット野菜といっても種類はたくさんあります。最初に地元工場で生産するカット野菜だけでも28種類に上るといいます。関西の7工場では違ったカット野菜を生産しているので、提携会社のK社と中継する施設が必要です。そこで、立地的な条件の良い場所に共同で中継基地を設ける方針です。

往復荷を確保しながら取扱量を増やし将来は中・四国一円のチルド輸送

アライアンスによる業務の組合せは多種多様です。ざっと列挙するだけでも次のようになります。地理的な条件（道路条件）から関西や中国地方の瀬戸内側への輸送は、まず広島に出ることになります。邑南町から広島までは高速道路を利用して40～50分で行けます。

中国地方で最大のマーケットである広島に運ぶ商品、広島を経由して四国の高松に運ぶ商品（将来）。広島経由で山口県の瀬戸内側に運ぶ商品（N社が自車両で行く場合と、広島から傭車に中継する場合があります）。広島経由で倉敷に運ぶ商品。倉敷では関西方面への商品をK社に中継し、K社が大阪から運んできた商品を中継して、S社が積んで帰ります。

米子方面には関西で生産される商品はK社が倉敷まで運び、協力事業者に取り次いで米子に運びます。邑南町で生産される商品はN社が直接、米子に運びます。地理的条件（道路条件）からは、その方が効率的だからです。

その他にも、さまざまなバリエーションが考えられます。荷物量と車両の効率的オペレーションの問題です。また、カット野菜工場の今後の生産能力の増強状況などによっても変化してくるでしょう。地理的条件と道路条件から、中国地方で最大のマーケットである広島が、ルート上でも分岐点になり、重要な位置づけになっています。

帰り荷としてはカット野菜商品だけではなく、カット野菜にする原体もあります。邑南町のカット工場でカットしている野菜の原体は、ほぼ100%が広島市場から運んでいます。そこで帰り荷として広島市場からカット野菜の原料である原体を運ぶ形です。しかし将来、工場の生産能力が増強されるようになると、広島市場からの原体の供給だけでは足りなくなることも予想されます。そうなると倉敷市場からも原体を積んで帰るようになる可能性もあります。

このようなことから中継基地が必要になります。この中継基地はN社とK社がカット野菜を中継するための基地ですが、それだけではなく、カット野菜の物流が軌道に乗ったら、野菜以外の商品で野菜と積合せができる荷物の中継などもする、という計画です。野菜だけではなくその他の荷物も含めて、積載効率を向上し、収益性を高めようという構想です。

さらにN社では、地元の農業法人にも資本参加し、ハウス系野菜の生産拠点づくりにも積極的に協力しています。これは、地元発の荷物が少ない中山間地域の事業者として、地元でレベルの高い農業を育成し、運ぶ物を自ら作りだすという考え方をしているからです。

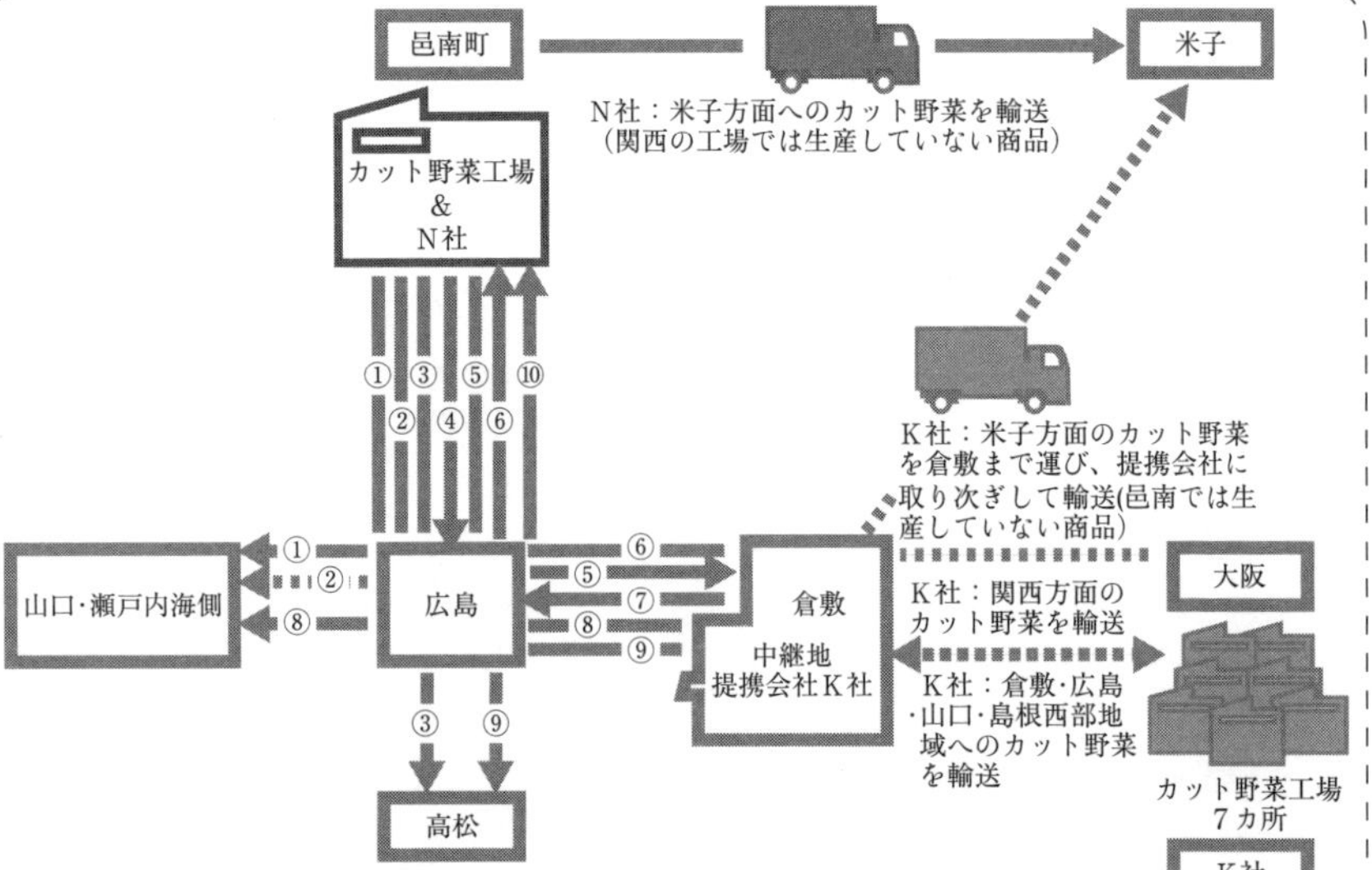

①N社：山口県の瀬戸内海方面へ広島経由で輸送
②N社：広島までは自車両で輸送し、広島から山口方面は傭車
③N社：四国地域のカット野菜を高松まで直送（現在はまだカット野菜工場の生産能力が伴っていないので、今後生産能力の増強に伴って）
④N社：広島にカット野菜を輸送
⑤N社：関西方面のカット野菜を広島経由で倉敷に輸送し、K社に中継
⑥N社：広島･山口･島根西部地域のカット野菜を輸送（K社から中継。いずれは倉敷市場から原体を邑南の工場に持ち帰ることも検討中）
⑦N社：倉敷でK社から中継して広島向けのカット野菜を持ち帰る
⑧N社：倉敷でK社から中継して山口県の瀬戸内海側へのカット野菜を持ち帰る（自車両で輸送したり、広島から傭車したりと様々なバリエーション）
⑨N社：倉敷でK社から中継して、広島経由で高松へ輸送
⑩N社：広島市場から野菜の原体を邑南のカット工場に持ち帰る（ほぼ100%近くを広島市場から供給している）
※その他、さまざまなバリエーションが考えられる。当フローには、今後徐々に移行していく予定も含まれている

分析とポイント

ポイント①…中山間地域の事業者の方向性の模索

N社の事例は内容的には第I章との関連性が強いのですが、地元発の荷物の将来性が期待できない、中山間地域の中小トラック運送事業者の今後の方向性の模索でもあります。

中山間地域では、農業は農業従事者の高齢化が進み、後継者難にも直面しています。林業も輸入材が増加していますし、大手製造業の工場誘致などもなかなか難しいのが現実です。さらに若い人達の大都市部への流出が続けば、いずれは地元の消費需要も減少します。すると地域に流入してくる消費材などの地場配送をしている事業者の仕事も減少していく可能性があります。

結局、中山間地域の事業者は、自分で運ぶ荷物は自分で作りだす、といったことも必要になってきています。そのような条件の中で、N社は農業法人に資本参加したり、野菜のカット工場に出資したりしています。それらを通して、自ら運ぶ輸送需要を作り出そうとしています。

ポイント②…時代の変化への対応

N社は公共事業に付随する輸送需要に依存していては企業の将来性がない、と早い時点で判断しました。そこで、畜産関係（豚輸送と飼料輸送）などの分野に活路を拓いてきました。

時代の変化を読み、新しい市場を開拓することは経営上で必要なことです。N社も依然として公共投資による建設需要に頼り切る運送事業をしていたとしたら、経営は厳しくなっていたでしょう。

ポイント③…アライアンスによる可能性の追求

カット野菜というチルド輸送の分野に初めて参入することになりました。そのような中で、これは荷主との関連もあるのですが、K社と業務提携して連携しながら輸送の効率化、事業者側の立場からは車両の稼働効率を高めることで、収益の向上を図ろうとしています。

V. オリジナルサービス創造型

オリジナルなサービスを持ちたいというのは多くの事業者の思いです。自社だけしか提供していないサービスなら、他社との競合がありませんから、取引の上で優位な立場に立つことができます。常に厳しい価格競争におかれ、さらに荷主との力関係等で価格交渉においても劣位な立場に立たされているトラック運送事業者にとっては、オリジナルなサービスを持つことは重要です。企業の規模にかかわらずオリジナルなサービスを創造したいという思いを持っているのです。

しかし、実際にオリジナルなサービスを創造することはたやすいことではありません。オリジナルな物流サービスと、物流ニューサービスでは概念が異なりますが、宅配便のような画期的な物流ニューサービスが創造される可能性は極めて低い、と言うのが正直なところです。

宅配便の1年後に引越サービスも生まれました。宅配便ほど物流ニューサービスという評価はされていませんが、引越サービスも物流ニューサービスと呼んで良いのではないでしょうか。

もちろん、それ以前も引っ越しという仕事はありましたが、サービスコンセプトを明確に打ち出したのが1977年です。それ以後は、何々引越センターというフランチャイズなどが多数生まれてきましたから、サービスコンセプトを明確にした企業が初めて出現した時をもって、ニューサービスの誕生と言っても良いのではないかと思います。

しかし、物流ニューサービスはそんなに簡単には生まれません。

その点、ニューサービスとまでは呼べないまでも、オリジナルなサービスなら創造できる可能性はあります。もちろん、簡単なことではありませんが、中小事業者でもオリジナルサービスは創造できます。

オリジナルな物流サービスと呼べるサービスを創造して展開している事業者は探せばいるものです。それらのオリジナル物流サービスの内容を見てみますと、たいがいは派生的なサービスのようです。一定の市場規模を持ったあるサービスがあり、そこから派生してきたマーケットの限られたサービスです。

母体となる市場があり、それらの需要の中でさらに細分化されたニーズに対応するサービスとして、オリジナリティを持ったサービスということです。

したがって、マーケットの規模にも限りがあり、さほどメジャーにはならないサービスです。ですから、たいていのオリジナル物流サービスはニッチ・サービスと呼べるようなものが多いように思います。

しかし、ニッチなサービスでもオリジナルであれば優位性を確立できます。ところが従来は、すぐに模倣サービスが生まれました。そうなるとオリジナリティがなくなりますから、結局は価格競争になってしまいます。ある意味では、その繰り返しであったとも言えます。

ところが最近の傾向として特徴的なのは、オリジナル物流サービスを創造した事業者が、模倣を防ぐような防衛措置をとるようになってきたことです。創造性という知的財産を守るために、ビジネスモデル特許（かなり難しいのでごく僅か）、実用新案、商標登録、意匠登録などを出願するケースが増えています。中小のトラック運送事業者でも知的財産を保護する措置をするようになったことは、業界としても進歩といえます。

ここでは、大阪のS社と岩沼市のA社の事例を、オリジナルサービス型として取りあげました。

S社は介護を必要とするような高齢者を対象にした引越サービスを考え、営業展開しています。一般の引越もしていますが、平均成約単価の違いなどは歴然としています。これは、一般の引越は競争が激しいからです。競争によって成約単価が下がっています。それに対して高齢者を対象にした競合のないオリジナル引越サービスでは、事業者側の提示する単価が比較的通るからです。

S社ではオリジナルのキャラクターも制作し、意匠登録をしています。サービス名も商標登録をしています。

A社は食品工場で調理された汁物などを、加温しながらイベント会場などに運ぶホット輸送を考えました。温度帯管理輸送ではフローズン、チルド、ドライ輸送と分類されていますが、ホットという温度帯輸送の新たなカテゴリーを作ろうという取組です。A社も実用新案を取っています。

1 ホームヘルパーによる高齢者対象の引越サービス

企業間取引の運送業務では、なかなか自らの創造性を活かしたクリエイティブな仕事ができにくい現状があります。その点、一般の人達を対象にした引越サービスなら、自社のアイデアを活かし、主体性を持った仕事が比較的しやすいといえます。

しかし、アイデアを活かすといっても各社とも似たり寄ったりの付帯サービスに行き着いてしまいます。このように他社と同様のサービス内容では事業者間の競争から逃れることは難しく、結局、価格競争になっているのが現状です。つまり、サービスの差別化にはなっていないのです。

このような現状の中で、全国ブランドのフランチャイジーにならず、中小事業者が引越サービスで独自の道を行くにはどのようにしたらよいでしょうか。大阪市住之江区のS社が展開しているのは、顧客対象を介護の必要な高齢者に絞り、ホームヘルパーの有資格者が作業に加わる独自の引越サービスです。

S社ではすでに数年前から高齢者を対象にした引越サービスを始めています。２００５年８月期では引越部門売上高の中の約16％が高齢者顧客となっています。２００７年８月期では約34％と３分の

1程度の構成になってきましたが、2010年8月期には引越売上の70％まで比率を高めようと、本格的なサービス展開をしています。

1990年に軽貨物自動車運送からスタートして一般事業に参入

S社は1990年に軽トラックによる貨物運送からスタートしました。その後、一般運送事業に参入し、保有車両数は9台（2tバン車2台、2t平ボディ車5台、軽トラック2台）、従業員数7名（役員3名、社員4名）という典型的な中小トラック運送事業者です（取材時点）。

軽トラックによる運送からスタートしていますので、現在でも売上の約50％を占めるのは急ぎのチャーター便です。固定契約の荷主からの売上が約40％で、平ボディ車による鋼材や建材などの現場への配送、アパレル商品の配送、中央卸売市場（東部市場）からの青果物配送、月曜日と金曜日の食品（キムチの素の粉末）配送などです。また、1998年から始めた引越部門の売上が約10％を占めるまでになってきました。

このようにスポットの売上が半分を占めていることもあって、一番多い取引先でも売上高の20％程度の構成比になっています。スポットの仕事は、固定契約よりも運賃単価が比較的通るのが特徴です。しかし、最近はスポット需要が徐々に減少してきました。これにはさまざまな理由があります。中小企業の荷主の撤退、景気低迷による荷物の減少、他のスポット輸送事業者への取引転換などです。このようなことから、S社ではスポットの荷主が年間で5％ずつは減少する、と考えています。従来の経営の基盤になっていたスポット需要が減少するという予測ですから、それに替わる顧客を開拓しなければなりません。このようなことから固定契約の取引先を開拓してきましたが、これらの運送業務ではクリエイティブな仕事はできません。

そこで約10年前から引越サービスの分野にも参入することにしました。全国的なフランチャイズなどには加盟せず、自社独自の営業展開です。引越サービスへの参入は保有車両の稼働率を高める狙いもあり、この間、年率5～10％の売上増で推移してきました。この引越部門の売上をさらに増やしたい、というのがS社の方針です。

しかし、大手のフランチャイズに加盟せず、どのように引越サービスの売上を伸ばしていくか。普通の引越サービスでは競争が激しく収益性が低いのが現状です。

そのような中で、自社の保有車両数や車種（2t車と軽トラック）、従業員数などから、どのような引越なら他社にない強みを発揮できるのかを考えました。さらに、同じ引越サービスでも繁閑の季節波動性が少ない顧客をターゲットにした方がよいとも考えました。

高齢者は朝一番に病院に行きます。そして昼はのんびり過ごしています。このような高齢者が施設に入る時の引越は単身での引越です。配送などが早く終わってしまうトラックを昼に使えるので車両の稼働率を向上することができます。しかも単身なら2t車や軽トラックなど小さな車両でも大丈夫です。さらに繁閑の波動もなく、コンスタントな需要が見込めます。

このような諸条件を考えて、介護サービスを必要とする高齢者が老人ホームやグループホームなどの施設に入居（退居）する際の、引越サービスを本格的に展開することにしたのです。

S社の専務は金融機関に勤めていました。一方、祖母がホームヘルパーの介護を受けたという経験も踏まえて、高齢者を対象にした仕事を考えるようになったのです。そこで高齢者と金融業界のリテールバンキング（小口金融取引）的な発想を結びつけ、高齢者を対象にした引越サービスというコンセプトに至ったのです。

早速、2004年4月にホームヘルパーの資格を取り、2006年春から具体的な働きかけを開始しました。

現行の介護サービスに含まれない部分のサービスで付加価値をつける

現状の介護サービスには、ホームヘルパーによる引越の手伝いは含まれていません。引越の手伝いなどは周辺サービスという位置づけに過ぎないのです。そこでS社は独自のサービスを考えました。

S社のサービスをみますと、訪問介護の担当ヘルパーがいなくても、ひとり暮らしの高齢者（家族同居でも同じ）は、要介護など日常の生活スタイルを変えることなく引越作業に立ち会うことができ、荷造り作業などを安心してまかせることができます。

一方、S社ではサービスの差別化によって収益性の高い契約が可能となります。S社の考えによると、引越サービスの価格は2つの構成要素からなっています。引越業務と付帯サービスです。前者は運送業務で、後者は引越運送に伴う付帯サービスです。このうち前者（運送業務）は他社との差別化が難しいために価格競争になっています。後者（引越付帯サービス）は各社の創意・工夫によって差別化が可能ですが、実際には各社ともほとんど同じようなサービス内容になっているために、やはり価格競争になっているのが現状です。

そこでS社は後者（引越付帯サービス）の部分で、他社にはない特徴的なサービスを行うことで差別化を図り、収益性を高めようと考えたのです。この独自サービスは、人的なソフトサービスであり、ハード的なサービスのように他社が簡単には追随しにくいものにしなければなりません。しかも、高齢者社会になれば需要も拡大するサービスです。そのような市場で自社の強みを活かそう、というコンセプトなのです。

プラスチック・キューブにカレンダーをつけたDMを送ってアプローチ

S社の営業アプローチは、まず透明なプラスチック・キューブ（一辺が64㎜の立方体で、2つに分解して小物入れなどに使用できる）に、自社のPRを印刷した折り畳み式の媒体と4カ月分のカレンダーを入れたDMを送ります。送り先はヘルパーステーションや介護施設などで、住之江区の約50カ所、住吉区の約70カ所です（その後に少し変更）。

このプラスチック・キューブは日本ダイレクトメール協会が毎年行っている全日本ＤＭ大賞で過去に入賞したもので、受賞企業から購入して使用しています。１個の送料は１４０円で、カレンダーが4カ月分のため、4カ月に1回のサイクルで送っています。

このＤＭを送るとヘルパーステーションの所在地が確認できます。ヘルパーステーションが引越していればＤＭが戻ってくるからです。

そこで、所在が確認できると予約なしで訪問し、高齢者を対象にした引越サービスの内容を説明します。また、異業種交流で知り合った人で、住之江区のデイサービスに精通している人がいました。この人を通じて、ケアマネージャーやホームヘルパーの人達の組織を紹介してもらい、サービスの説明などの営業展開をしました。この知人の紹介が市場の開拓において大きかったといいます。

これら営業の時に持参するツールの1つに「高齢者関連引越作業事例集」があります。この事例集は手製の小冊子で、同社がこれまでに受託した高齢者の引越の事例をまとめたものです。個人情報保護に配慮しつつ、作業日・年齢（男女）・依頼主・作業内容・生活形態（独居その他）・移転前と移転後の場所・依頼理由・荷物・使用車両・スタッフ数・ヘルパー助手の有無・料金・備考欄にそれぞれ参考事項を記載しています。ケアマネージャーやホームヘルパーなどの介護関係者が読めば、一般の事業者で引越をした場合とサービス（高齢者への気配りなど着眼点の相違その他）の違いが分かるようになっているのです。

このようなアプローチにより、たとえば自宅から特別養護老人ホームへの引越が決まった、といった情報をヘルパーステーションなどからもらうのです。

打合せでは、その高齢者が自分で体を動かせるのか、それとも介添えが必要なのかなど自立の程度や介護の必要性、その他、ライフスタイルの状況や条件を聞きます。介護プランを考えるのはケアマネージャーですから、ケアマネージャーと相談しながら、荷造りをする日や引越までのプランを立てます。

荷造りを予定した日にホームヘルパーが同伴できるとは限りません。しかし、S社のホームヘルパーの有資格者が梱包や荷造りなどに加わっていますので、作業に立ち会う高齢者への対応もできます。高齢者の体の状態によっては、作業をしながらのケアも可能です。

またS社では、家財その他で買い取りや廃棄処分などを希望する場合には、それぞれの許可や認可を持った事業者と提携していて、それらの担当者も同伴して見積りをします。コンプライアンスはもとより、見積金額の透明性も高めるためです。

先述のようにS社の保有車両は2ｔ車と軽トラックですが、高齢者を対象にした引越では小型車両が向いています。単身の引越だからです。さらに、ひとり暮らしの高齢者は建築年数の経った文化住宅などに住んでいることが多いため、道路なども狭いので小型車の方が都合が良いのです。高齢者が施設などに引越をする場合には、処分する家財なども多いので、これらは2ｔの平ボディ車で運び、入居先に運ぶものは軽トラックという具合です。

マーケティングで市場規模を想定し営業対象エリアを計画的に拡大

Ｓ社では、このような事業領域の絞り込みとサービス・コンセプトの明確化を図るとともに、知的所有権の保護も進めつつあります。

すでに「住む～ぶ（ＳＵＭＯＶＥ）」や「センリー」の商標登録も行っています。「住む～ぶ」は〝住む〟と〝ムービング〟の合成語です。「センリー」は、センリー君という可愛い怪獣が引越荷物を背負っているキャラクター人形を独自に制作し、そのイラストおよびセンリーという名称を商標として法的に保護しました。

Ｓ社ではこのような知的所有権だけではなく、独自にマーケティング調査も行い、今後の事業計画を立てています。

先に付帯サービスの面で差別化を図ることで収益性の高い引越サービスを展開すると記しましたが、これは具体的な数値で裏づけられています。Ｓ社は引越サービスの契約金額を、引越基本業務と付帯サービス業務に分けて分析しています。前者は運送業務による運賃であり、後者は付帯サービスの料金です。

Ｓ社の２００６年９月～２００７年８月の実績値によりますと、引越基本業務の平均単価（税込み）を全体と高齢者に分けて比較した場合、高齢者を対象にした単価の方が48・６％も高くなっています。同じように比較してみると、付帯サービス業務の平均単価でも、全体と高齢者を対象にした引越では、高齢者対象の方が101・4%も高いという結果が出ています。2倍強です。さらに、基本業務と付帯サービス業務を合わせた1件当たりの平均契約金額で見ますと、高齢者の引越の方が127・8%も高く、約2・3倍の受注単価になっています（2008年8月では差がもっと拡大しています。これは一般引越分野の単価が下がったためです）。

これらの実績値に基づいてみましても、高齢者を対象にした引越の方が収益性が高いことが分かります。ホームヘルパーの有資格者が作業をしながら必要に応じてケアできるといっても、ヘルパー派遣費として請求はできません。そこで引越に付帯するサービスという位置づけになりますが、高料金で契約できるのです。

S社は今後の事業計画としてマーケットの規模を具体的に試算しています。

当面の営業エリアは、自社が所在する大阪市住之江区と隣接する住吉区から出発し、自社に近い区にサービスを順次拡大していく計画です。そのため住民数、65歳以上の高齢者数とそのうちのひとり暮らし高齢者数、介護認定者数（ひとり暮らしに限らない）。一方、老人保護施設や療養型医療施設、老人福祉施設（特養）、グループホームなどの施設数とベッド数、平均入居期間、年間入居者予測数、その他から最終顧客対象数を算出しています。

対象顧客数に先の平均単価をかければマーケットの規模も算出することができます。もちろん、マーケットの規模と実際の受託件数は一致しません。そこでS社では、高齢者を対象にした引越サービスに着手して以来の実績を踏まえながら、具体的な事業計画（受託件数）を立てています。

その計画によると、2008年8月期は営業エリアを住之江、住吉の両区に東住吉区と阿倍野区を加え、高齢者引越を引越事業部門の売上構成比で50%にまで高める。2009年8月期ではさらに平野区、天王寺区を追加して60%にし、2010年8月期では大正区と西成区も対象にして70%に、さらに2011年8月期では港区と西区にまでエリアを拡大して70%（一般引越も増やすため構成比は前年度と同じ）にする、という計画です。その結果、引越部門の売上高も、5年間で倍増することを目標に掲げています。

このようにホームヘルパー有資格者による高齢者向け引越サービスを展開するに当たって、S社では物流施設の建設、情報システムへの投資などを計画しています。物流施設は、引越するひとり暮らしの高齢者が賃貸住宅に住んでいる場合、家財などの一時保管が必要になるケースが多いからです。また、情報投資は、サービス・コンセプトを明確にしたホームページの作成・充実などです。企業情報や高齢者の引越サービス受託事例、老人介護などに関する一般情報などを提供することで、企業やサービスの透明性を高めたいとしています。

計画通りに事業が拡大するとホームヘルパーの人数も増やさなくてはなりません。現在の従業員に資格を取得させるようにすると同時に、訪問介護員養成研修の修了者（1級、2級、3級がある）で訪問介護の仕事に従事していない人が多数存在しているので、この人達の組織化なども検討中です。

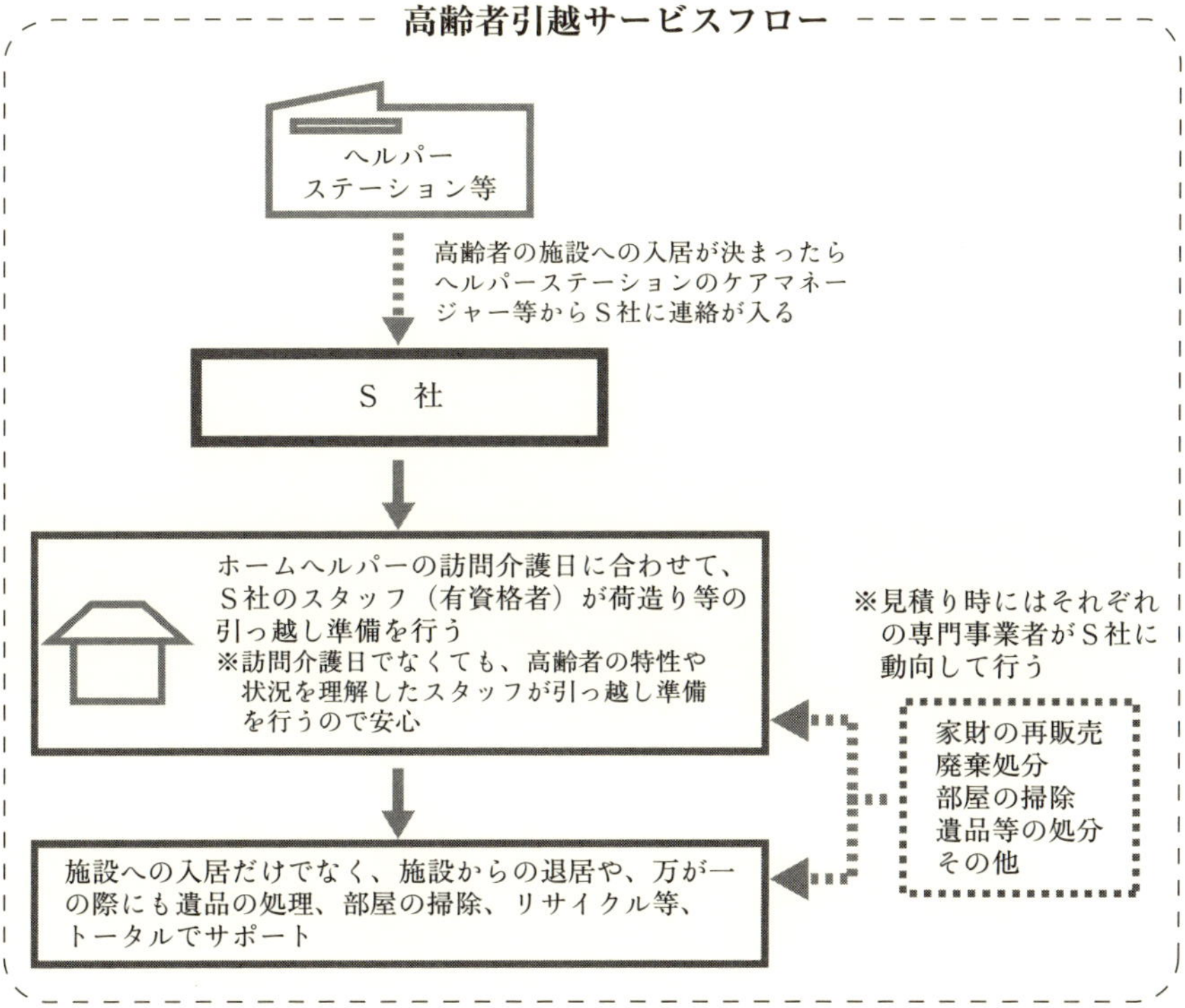
高齢者引越サービスフロー
ヘルパー
ステーション等
高齢者の施設への入居が決まったら
ヘルパーステーションのケアマネー
ジャー等からＳ社に連絡が入る
Ｓ　社
ホームヘルパーの訪問介護日に合わせて、
Ｓ社のスタッフ（有資格者）が荷造り等の
引っ越し準備を行う
※訪問介護日でなくても、高齢者の特性や
状況を理解したスタッフが引っ越し準備
を行うので安心
※見積り時にはそれぞれ
の専門事業者がＳ社に
動向して行う
家財の再販売
廃棄処分
部屋の掃除
遺品等の処分
その他
施設への入居だけでなく、施設からの退居や、万が一
の際にも遺品の処理、部屋の掃除、リサイクル等、
トータルでサポート

分析とポイント

ポイント①…オリジナルなサービスを持ちたいという意思

S社は軽トラックからスタートしています。企業規模も小さいのですが、クリエイティブな仕事がしたいという考えを持っています。引越サービスも、全国的なフランチャイズに入らず、独自で展開してきました。介護を必要とするような高齢者を対象にした引越サービスを創造することができたのは、フランチャイジーなどにならなかったことが幸いしているかも知れません。

高齢者を対象にした引越サービスというオリジナルなサービスですから、営業展開も独自のスタイルで行っています。アプローチの方法にもオリジナリティがあります。営業ツールやキャラクター、ネーミングなどにも独自性があります。

ポイント②…自社の経営資源を有効に活用できるマーケット

オリジナルな新サービスを考えるにも、既存の経営資源をより有効に活かせる方向で考えるのが利口です。新サービスのために新たに設備投資をするのではリスクが伴います。手持ちの経営資源の稼働率を高めるような新サービスが創造できれば、収益性の向上に直結します。

高齢者は単身ですから軽トラックや2ｔ車でできます。時間帯もメインの仕事が終わった後の空き時間で可能です。さらに引越需要特有の季節波動性がないので、コンスタントな受注が実現できます。

ポイント③…事業を展開する前の市場調査と分析

S社では、介護が必要な高齢者の引越サービスの需要予測と、事業計画を立てていますが、その前提として市場調査を綿密に行っています。市場調査したデータを分析して、顧客対象の規模（人数）を想定しています。それと併せて、自社のサービスの供給能力や事業拡大に伴う資金調達なども含めて、事業計画を立てています。

これは市場（荷主）任せではなく、自ら市場を開拓して需要を顕在化するためには必要なことです。また、知的財産の保護対策もオリジナリティを貫くためには重要ですが、その面でもきちんと対応ができています。

2 冷凍・冷蔵からホット輸送の新温度帯サービスを開発

宮城県岩沼市のA社は、これまでフローズンとチルドの2温度帯の商品の店舗配送を主に行ってきましたが、今度はさらに温かい温度帯の輸送という新分野を開拓しようとしています。取り扱い輸送サービスの温度帯の幅を広げる戦略を展開しようとしているのです。

A社では「レトルト食品保温搬送自動車」を2005年4月1日に実用新案登録出願し、2005年6月8日付けで登録されました。

A社は仙台空港の近くにあります。会社設立が2002年9月なので、まだ新しい事業者です。A社の社長は地元のトラック・ディーラーに長年勤務していましたが、55歳で退職して同社を創業しました。

当初は食品配送の下請け仕事からのスタートでした。現在でも大手事業者のアンダーの仕事をしていますが、約3年前からは直接契約の荷主もできました。

冷凍・冷蔵の2温度帯の店舗配送を主体に行っており、保有車両数は22台、従業員数が29名という規模です（取材時点）。保有車両の内訳は、いずれも冷凍車か冷蔵車で、8tゲート付き1台、5t

ゲート付き1台、4tゲート付き15台（うち13台は2室式）、3t車2台、2tゲート付き3台です。
このうち8t車は仙台と酒田市（山形県）間で肉や野菜などを運んでいます。また4t車1台も仙台と古河市（茨城県）間で豆腐などを輸送しています。その他、物流センター間の輸送もしていますが、大部分は物流センターから店舗への配送業務です。配送の荷姿はオリコン、箱、バラなどがありますが、店舗配送ではカーゴテナーが多いため、ゲート付きの車両が多くなっています。

新分野開拓として冷凍・冷蔵以外の温度帯への取り扱い幅の拡大狙う

A社は、大手事業者のアンダーでスタートして配送業務を行ってきました。しかし、この元請け事業者と荷主との運賃交渉が決裂し、元請け事業者がその仕事から撤退することになりました。その時、荷主との間に入ってA社の配送業務の継続を要請してくれる人がいたこともあり、その結果、荷主との直接取引になった仕事もあります。これはファミリーレストランへの食材の配送業務で、約3年前のことでした。

だが、この元請け事業者とは、中堅のコンビニエンスストアーや大手のコーヒーチェーン店舗への配送業務などでは取引をしています。その他に直接取引の荷主もいますが、総て冷凍・冷蔵の食品や食材の配送業務です。

このようにA社は冷凍・冷蔵という低温の輸送を行っていますが、業容をさらに拡大して企業の発展を図るにはどのようにしたら良いか、という課題があります。A社では、取り扱う輸送商品の温度帯の幅を広げる、という方向にその解答を見いだしたのです。同じ食品でも今度は温かい方向に転換し、新温度帯で新分野に進出する、という方向です。低温輸送に加えて、逆に温める輸送で付加価値を高めよう、という発想です。

イベント会場などに出店しているカレー屋、おでん屋、豚汁などの汁物、その他のレトルト食品は現在、常温やチルドで運んでいます。そして、店舗で再加熱して客に販売しているのが現状です。

そこでA社が考えたのは、食品加工工場でつくったこれらの食品を保温・加温しながら店舗やイベント会場に運び、そのまま販売できるような輸送システムです。イベント会場によっては現場で火を使えない所もありますが、この輸送システムなら大丈夫です。また、これら通常のレトルト食品販売のルートだけではなく、地震などの災害時には住民の避難場所にも温かいままで食品の緊急輸送が可能になります。当然、自社の輸送サービスにも付加価値がつき、収益性の向上につながる新分野への進出です。

このようなことから、保温付きの車両で、岡持（出前などに使う食べ物を入れて持ち運ぶ容器）の中に加工した食品を鍋ごと入れ、電熱器を使用した加熱装置で温度を保ちながら輸送するシステムを考案しました。

デモ車として中古トラックを導入して営業展開を計画

この仕組みを考えた発想のキッカケは、ホテルのシェフなど専門家がつくった料理を違う場所で食べさせることはできないだろうか、というものでした。会社を創業して1年目ぐらいに発想したのです。

有名なホテルでもケータリング・サービス（パーティなどのための仕出しサービス）を行っています。ホテルでつくったこれらの料理は、食品輸送をしている事業者が運んでいます。しかし、加熱装置を装備した車両で運んでいるケースはないのではないかと思われます。

そこでA社では、早速、試験をするための試作品づくりに着手しました。まず、友人や知人を伝ってヒーターを調べました。その結果、食べ物を入れた容器が輸送時の振動などでも安定するように、ゴムのマット式のヒーターに行き着きました。さらに輸送時の安定性を高めるため、底を15㎝ほど下げるような形状に改造しました。岡持はステンレス製で、これは昔の仕事の関係から自動車のボディー・メーカーに試作品を制作してもらったといいます。

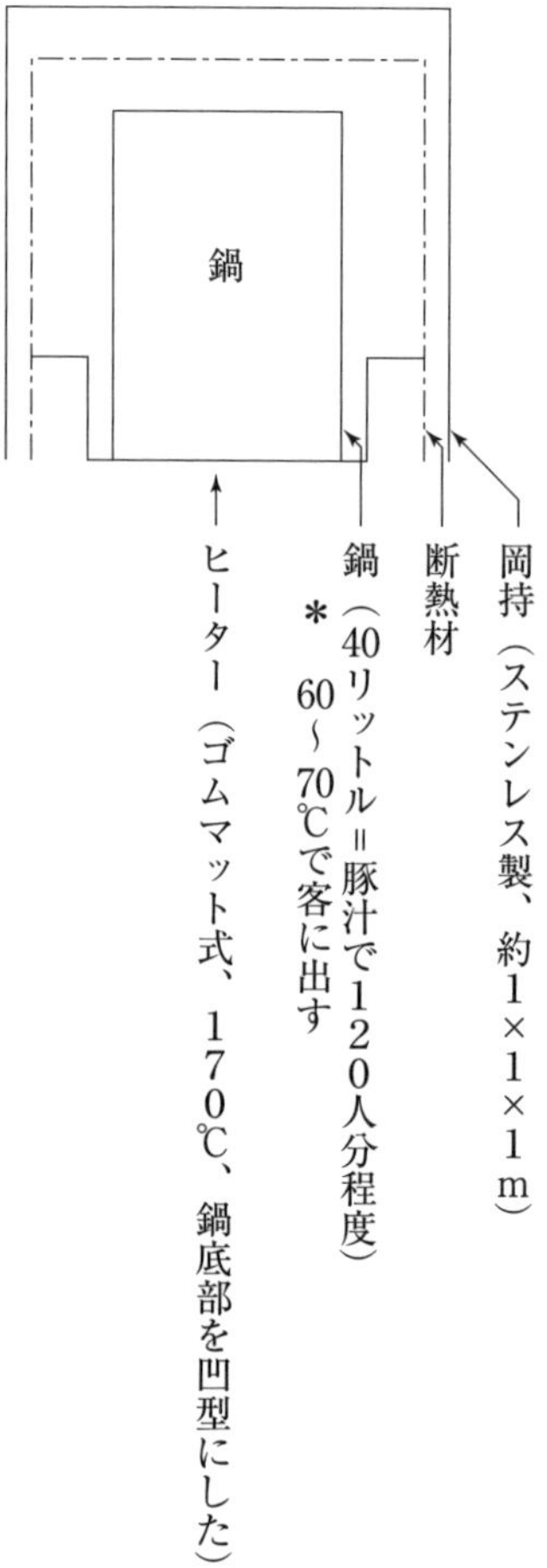

また、２００５年７月には、宮城県産業技術総合センターで実験をしてもらいました。その結果、次のような数値が出されました。外気温は０・０～０・１℃の設定です。

	湯温	ヒーター温度
スタート時	９６・４０℃	１２０・００℃
60分後	９０・７８	１７３・３２
１２０分後	８６・９８	１７０・４２
１８０分後	８３・６６	１６９・２１
２４０分後	８０・７９	１６６・３２

外気温を０℃としてヒーターを１７０℃にすると、２時間後でも湯温は80℃台を保っています。客に出す時の温度は60～70℃なので、再加熱する必要はありません。なお、保健所の検査も行い、65℃で滅菌できるという結果が出ています。

実験と実用新案登録料を含めて、要した費用は約40万円です。

A社では2008年にデモ車として中古の2t車を導入して走行実験を行っています。50㎜の断熱材が入ったバン型車なら、標準車両でも2段積みが可能なため、体積としては鍋33個を積載できます。しかし岡持に入れるので30個の積載を見込んでいます。

ヒーターは、発電機をつけて350W、AC100Vから電源を取ります。積載する量が少なければ車載用インバーターでも可能です。

イベント会場などの現場にヒーターなどがあれば食べ物が入った鍋だけを納品すればよいわけです。ヒーターなどがない場合には、岡持ごとそのまま納品します。鍋（岡持）の回収は、冷凍・冷蔵商品の店舗配送をしている車両が、配送の帰途に回収することでカバーするという構想です。

想定している顧客はカレー、おでんなどの外食産業で、ファミリーレストランなどは顧客側にメリットが少ないこともあって当面のターゲットにはしていません。豚汁などの汁物を有力な主たる対象に想定しているようです。また、A社は仙台空港にも近いので、空港内に食品を運んでいる事業者などにもアプローチしていく予定です。

これら店舗販売やイベント会場での販売だけでなく、老人ホームの給食を行っている企業も営業対象にしています。さらに宮城県でも、地震などの災害時には活用したい意向を示しているといいます。このため、県からは開発時点では無理だが、ビジネス化すれば助成が可能という話をもらっています。

A社では、商標登録も考えています。

分析とポイント

ポイント①…後発の下請け主体の事業者が企業を伸ばすには

たいがいの後発の事業者は、同業者の下請けとしてスタートするケースが多く見られます。もちろん、それが悪いというわけではありません。しかし、そのままの経営でたとえ保有車両数が増えたとしても、収益性の高い経営はできません。やはり、元請けとして事業ができるようになることが、企業としては重要です。

ではどのようにすれば良いのでしょうか。同業他社との摩擦が少なく、かつ元請け事業者になるには、オリジナルなサービスを創造し、他社と競合することなく独自の市場を開拓することです。A社は、そのような試みに挑戦しているといえます。

ポイント②…ホット輸送という温度管理輸送の新しいカテゴリー

A社がオリジナルなサービスとして発案したのはホット輸送です。温度帯管理輸送ではフローズン、チルド、ドライという3温度帯の輸送が一般的です。1台のトラックで3温度帯の商品を積み合わせて運ぶこともあります。これなどもオリジナルではありませんが、一種のサービスの差別化ということができるでしょう。

それに対してA社は、フローズン、チルド、ドライという3温度帯とは異なる温度帯の輸送を発想しました。ヒーターで加温しながら輸送するという、ホット輸送です。温度帯管理輸送で言えば新しいカテゴリーの輸送サービスということができます。

ポイント③…サービス開発・営業開拓の苦労

A社は後発の会社ですから、新しいサービスを開発するための資金調達などで苦労しています。これはA社に限ったことではありませんが、後発の会社が新しいサービスを開発しようとしたり、事業を拡大しようとする時に乗り越えなければならないハードルの1つに、資金調達があります。

A社ではできるだけ開発費用をかけないように工夫して新サービスを開発しました。今後は営業開発に傾注しなければなりません。

Ⅵ. 関連事業進出型

収益を向上するための方法の１つに、関連事業への進出があります。関連事業への進出ですから、トラック運送事業と全く関係のない事業への進出とは違います。運送事業に関係ない分野への進出では、別の業種の仕事を新たに始めたに過ぎないことになります。もちろん、それを否定するわけではありません。ただ、ここではトラック運送事業の収益向上と関連する事業への進出を考えてみよう、ということです。

そのようなことで、トラック運送をベースにして、運送事業に隣接する業務や、運送に関連する事業分野に進出します。そして、関連分野で収益を上げるとともに、経営のコアである運送事業分野にも相乗効果をもたらす、という経営戦略です。

関連分野に進出するためには、実は、経営の基盤である運送業務の仕組みや、現場の実態を良く知っていることが必要なのです。

自社の現場の実態を経営者や管理者がどこまで良く知っているでしょうか。経営者や管理者は、そんなことを言われなくても現場のことは自分が一番知っている、とおそらく言うでしょう。本当にそうでしょうか。

知るということは現状をあるがままに捉えることではありません。現場で常識的に、ごく普通に行われていることでも、それが当たり前のことで、ベストなのだと思わないことです。現在のやり方よりも、もっと良い方法があるのではないか、といった目で観察することが重要です。

そこから、効率化などの方法が浮かんできますし、関連する事業への進出のアイデアなどがでてきます。関連する事業への進出のキッカケを見ますと、その発端は運送業務の現場にあります。

ここでは、そのような3社の事例を取りあげてみました。

岡山県のA社は、荷物を積み込む時に常識的、一般的に行われているラップ巻きに疑問を持ったのです。ラップを巻くためドライバーの作業、積み込みのために要する時間、使い捨てのラップのコスト、使用済みラップを処理するためのコストなどです。

そして、ラップを巻かなくてもよくすればどうかと考えました。そうすれば、ラップ巻のためのドライバーの作業軽減（作業軽減は積み込みまでの時間短縮にもなり、運行時間にも余裕ができるので安全運転の確保にもつながります）、ラップにかかっていたコストの削減、使用済みラップの処理など環境負荷の軽減と処分費用の削減などにつながります。

このような発想から荷崩れ防止カバーを開発し、商品として一般販売をすることで新事業に進出しました。

秋田県のS社は、建設関連の荷物の輸送をしています。建設関連貨物の輸送は、公共事業に市場規模が左右されます。公共投資の予算は年々減少しています。民需も景気動向に影響されますが、秋田では人口流出などもあって、景気とは別にトレンドとして民需の減少が予想されます。さらに、冬期は降雪で建設作業ができない、といった雪国特有の季節波動もあります。

このような中で、どのように企業を発展させて行けばよいのか。S社では建設関連貨物、すなわち箱物を作るための荷物輸送だけではなく、箱の中の仕事なら冬期でも存在する、と考えました。

そこで、冷凍ショーケースのアッセンブリ、搬入・据付などの分野に進出したのです。アッセンブリは自社の倉庫で行い、一時保管なども同所でできます。

和歌山県のT社は、岡山県のA社とは違って、運送関連事業への進出の一環として、以前からラップの販売を行ってきました。そして今度は、使用済みラップの処理事業に進出したのです。

使用済みのストレッチフィルムを回収して、プラスチックの原料として再利用するという事業です。ところが、運送関係の企業から出るストレッチフィルムだけではなく、地場産業である梅干し製造工場からも、使用済みのポリ袋が排出されます。これら梅干し製造工場からも、使用済みポリ袋をプラスチック原料として再利用して欲しい、というオーダーが入るようになったのです。

T社では、本来の運送業務と、使用済みのポリエチレン製品をプラスチック原料として運ぶことを上手に組み合わせて、実車率を高めるなど車両の稼働効率の向上も図っています。

1 荷崩防止カバーを開発し作業・費用・環境負荷を軽減

岡山市のA社は保有台数が20台（大型ウィング車11台、4ｔウィング車8台、7ｔユニック車1台）、従業員数25人で、一般雑貨、機械部品、文具を運んでいます（取材時点）。売上の割合はそれぞれ3分の1ずつとなっています。またA社は中古車（新車を含む）販売も行っており、運輸部門と自動車販売部門の売上比率は約6対4です。

運送部門のうちの文具関係の輸送で、荷崩れ防止のために巻いていたラップに替わる荷崩れ防止カバーを開発し、関連事業分野に進出しました。ラップを巻くための作業軽減、ラップに要する費用の削減、使い捨てラップの処理など環境負荷の軽減などを目的とした荷崩れ防止カバーは、荷崩れ防止防水カバーとともに、実用新案登録済みです。

荷崩れ防止のラップ巻きは作業が大変、使い捨てで費用と処理も課題

A社の運輸部門における雑貨の取り扱いは、路線事業者のターミナルに引き取りに行き、複数の路

線会社の荷物を積合せて配送する業務です。機械部品輸送は、大手農機具メーカーの部品で、岡山や福山にある部品メーカーが製造した部品を、大阪にある農機具メーカーの工場に、製造ラインに合わせ、パーツを組み合わせて納品する仕事です。

文具関係の業務内容は、商品を大阪に引き取りに行き、岡山県全域に配送される文具を積んで地元まで運び、路線会社の拠点（荷主の地域スルーセンターになっています）に届けるという幹線輸送です。発注先の小売店などへは路線事業者の配送車が配送しています。Ａ社は繁忙期などを除くと、通常は大型車２台でこの幹線輸送を行っています。

パレット積みで大型車なら１１０㎝×１１０㎝のパレットが16パレット積めます。１パレットには５段積みで、高さは通い箱の場合１・７ｍ、段ボールなら１・３ｍになります。

通い箱（折りコン）で運ぶ商品は小売店別のオーダーに仕分けられた商品で、小売店の注文量によって1箱に入っている商品量が違います。このために輸送中に荷崩れが発生する危険性もあり、それを防ぐためにビニール系の通称ラップを４～５回重ね巻きして荷崩れを防止しています。

このラップ巻きは文具に限らず、多くのトラック運送事業者がさまざまな荷主の輸送商品で広く行っている荷崩れ防止策の１つです。

しかし、たいていは1運行ごとにラップが使い捨てにされています。ドライバーがトラックへの積み込み前にパレットごとにラップを巻く作業も大変ですが、使い捨てによるラップのコストおよび使用済みラップの処理も荷主にとっての大きな課題です。

A社の試算によると、幅が50㎝のラップで4～5回巻きを3段（15回巻き）行うために、1パレットに使用するラップは48～60mが必要です。普通トラックで14パレット、大型車には16パレットが積めるので、普通車で840m（60m×14P）、大型車では960m（60m×16P）のラップが必要になる計算です。

ラップは幅50㎝で長さ300mのものと幅30㎝で長さ500mの2種があり、単価はいずれも1本（巻）730円です（価格は取材時点で、以下同様です）。このうち通常使用しているのは幅50㎝のラップです。

大型車1台分では960mのラップを必要としているので50㎝幅のラップなら3・2本（巻）を使用していることになります。これを金額換算すると730円×3・2本（巻）＝2336円となり、1カ月21日稼働とすると4万9056円です。さらにこれを年間にすると大型車1台分の輸送量に対して、荷崩れ防止用に使用しているラップ代だけで58万8672円の費用をかけている計算になります。

A社が取引している文具の荷主の場合、大阪からは毎日トラック約50台分の商品を出荷しています。全国では毎日約160台です。これだけでも大きな金額になりますが、それでも幹線輸送時の荷物事故（積み込み時の転倒や運行中の荷崩れによる商品破損、汚れ、異物混入など）を完全に防ぐことはできません。

また、ラップ巻き作業はドライバーがトラックに積み込む前に行いますが、大型車（16パレット）

の場合なら巻きつける行為は240回になります。下の方の巻きつけでは腰を屈めて行わなければなりません。不自然な体勢による作業で、とくに夏場では体力の疲労度も少なくありません。

このラップ巻きに要する作業時間は、やはりA社の試算では1パレット約10分、大型車の16パレットでは約160分間の作業となります。この作業時間が大幅に短縮できれば、ドライバーの疲労が軽減されるので過労運転防止になります。それだけでなく、出発時間が早まるので着時間までの時間を長く取ることができ、余裕を持って運転することで事故防止など安全対策にもつながってきます。

さらに、使用済みラップの処理という問題もあります。

A社が現在行っている作業内容では、荷崩れ防止のために車両への積み込み前にラップを巻く作業は同社のドライバーが行います。しかし、幹線輸送後にラップをはがす作業は、末端配送を行っている路線事業者側で行っています。使用済みのラップを処理するのも路線会社側です。つまり、ラップをはがす作業の軽減、使用済みラップの処理費用の削減という課題が、路線事業者側にもあります。

このようにラップ巻きに替わる荷崩れ防止カバーの開発は、文具の荷主にするとラップ費用の軽減という大きなメリットがあります。A社にするとドライバーの過労を防止し、ゆとりを持った運転による安全性向上および労働時間の短縮というメリットが生じます。さらに末端配送を担当している路線事業者では、ラップをはがす作業の軽減と使用済みラップの処理費用の削減というメリットがあることになります。

このようなことから、A社では荷崩れ防止カバー（実用新案登録第3116169号）ならびに荷

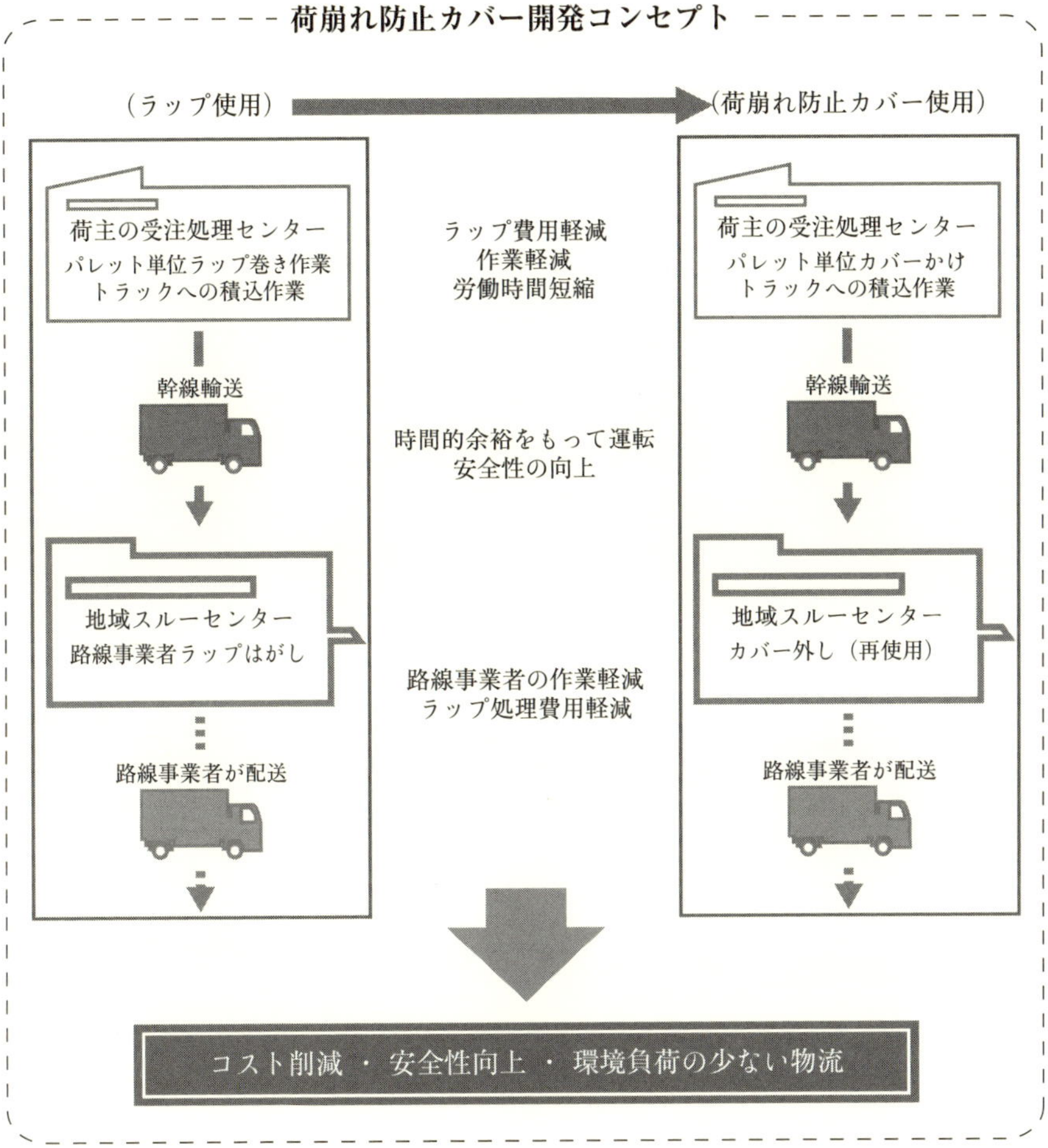
荷崩れ防止カバー開発コンセプト
（ラップ使用）
（荷崩れ防止カバー使用）
荷主の受注処理センター
パレット単位ラップ巻き作業
トラックへの積込作業
幹線輸送
地域スルーセンター
路線事業者ラップはがし
路線事業者が配送
ラップ費用軽減
作業軽減
労働時間短縮
時間的余裕をもって運転
安全性の向上
路線事業者の作業軽減
ラップ処理費用軽減
荷主の受注処理センター
パレット単位カバーかけ
トラックへの積込作業
幹線輸送
地域スルーセンター
カバー外し（再使用）
路線事業者が配送
コスト削減 ・ 安全性向上 ・ 環境負荷の少ない物流

崩れ防止防水カバー（実用新案登録第３１１６１６８号）の2種を開発しました。

カバーはパレット上に積まれた荷物を横に一巻きしてマジックテープで簡単に止めるもので、サイズは発注者の希望通りに製作できます。また防水カバーは荷物の頭の部分を覆うキャップ状のものです。A社では文具以外でも、現在、荷崩れ防止にラップを巻いて運んでいる荷物には広く使用できるとし、一般販売もしています。

その後、利用者のニーズに対応する新製品も開発し、運ぶ荷物の特性に応じたバージョンがいくつか製品化され、カバーの種類も増えています。

分析とポイント

ポイント①…現場作業の問題点を知る

A社は作業現場を良く知っているといえます。良く知っているというのは現状の課題や問題点、その解決の方向などを考えている、ということです。

自社のドライバーが車両に荷物を積み込む前に、ラップ巻の作業をしています。それを現場の当たり前の風景ととらえて何も考えないか。それとも、その作業のためにどのくらいの時間がかかっているかを調べて、その作業を軽減して時間を短縮するには、どのようにしたらよいかを考えるか。この違いが、関連事業への進出を可能にするかどうかの分岐点になります。

ポイント②…関連事業によってもたらされるメリット

荷崩れ防止カバーの開発により、荷主にはラップのコスト削減、荷物の届け先ではラップを剥がす作業の軽減と使用済みラップの処理費用の削減が実現できます。そして自社にとっては、現場作業の軽減と余裕をもって出発することによる安全対策、荷崩れ防止カバーの販売収入が得られるということになります。さらに、環境負荷軽減につながります。

ポイント③…ニーズに対応した商品開発

A社ではその後、使用者のニーズに応えて網状のカバーや、その他のさまざまなバージョンの開発を進めています。

これら多様なニーズの発掘には、異業種との交流が役立っていて、異業種交流の場を通じていろいろなヒントを得ているようです。同業者では気づかないような観点からの意見が出てくるからでしょう。

ところで、このような商品開発には開発費用がかかります。中小企業にとっては、研究開発費といった先行投資は負担が大変です。ここでは触れませんでしたが、A社では、利用可能なさまざまな補助、助成制度などを上手に活用しています。どのように資金調達をするかということも、中小規模の事業者が、新しいサービスを創造したり、関連事業などに進出したりする場合には、重要な要素になってきます。

2 倉庫で冷凍ショーケースのアッセンブリやメンテナンスも

建設関連の輸送を担っている運送事業者は、公共投資などの予算が縮小する中で、輸送需要が全体的に減少してきています。民間設備投資は景気動向の影響を受けます。民需も一部を除くと全体的には思わしくない状況の中で、建設関連の輸送需要は全体的に年々縮小する傾向にあります。

建設関連の輸送を行っている事業者の中でも、とくに雪国の事業者にとっては冬場の建設需要が極端に落ち込むという、季節波動の宿命からも逃れることができません。この波動をどのように解消するかは、経営上の大きな課題です。

また、建設関連の輸送を主体に行っていると、大きなスポーツ大会など地元を挙げての一大イベントを控えた数年間は、インフラの整備やイベント施設の建設、ホテル建設その他、いわば特需により一時的に仕事量が増えることがあります。しかし、イベントが終わると需要は大きく落ち込み、その反動が経営へのしわ寄せとなって押し寄せてくることも珍しくありません。

このような中で、建設重機の運搬・据付や建設資材（足場）などの運送が90％を占めている秋田市のS社では、長年の課題であった季節波動の解消と秋田国体特需後の需要減少に対応するため、２０

06年10月に機械設備事業部を新設し、新たな分野での顧客開拓を展開しています。

企業の発展には保有車両や作業ノウハウを活かせる新分野の開拓が必要

S社は1987年の設立です。建設関係の機器の搬入・据付や仮設資材（足場）の輸送、仮設資材の引き取りなどの仕事をしてきました。したがって保有車両にはユニック車が多く、また現場での据付作業などができる従業員も揃っています。

しかし、これらはほとんどがスポット的な仕事で、荷主が仕事を受注できなければ、同時にS社の仕事も発生しないという不確定な要素をもっていました。さらに仕事のほとんどが秋田県内であり、冬場の降雪期には仕事量が極端に減ります。年度始めは仕事が少なく、7月頃から仕事が出てきて11月頃がピーク。12月は雪次第で、降雪が早い年には仕事が落ち込み、降雪が遅い年には12月まで仕事が続きますが、冬場は仕事量が減少するというサイクルです。このように季節波動の影響を大きく受ける経営でした。したがって、季節波動の解消は長年の経営上の大きな課題だったのです。

さらに公共投資は年々減少し、民間需要も思わしくない、という状況が続いています。それでも2007年の秋田国体を前にした数年間は、国体特需に恵まれました。しかし、国体に向けた建設需要は、いうまでもなく一時的な特需です。国体後には極端に受注が減ることは目に見えていました。

ちなみに秋田県の建設予算は2007年度に対して、国体後の2008年度は30％のダウンです。

建設関連の企業は、運送関係事業者だけをみても30％減のマーケット（県関連のみ）を従来と同数の事業者でシェアすることになるわけです。その結果、同業者間の競争が激化し、運賃の下落につながることは避けられません。

そのような状況の中で企業の長期的な成長をめざすには、競争を避ける方向に営業戦略を変えることが重要です。従来の仕事をベースに、保有車両などの経営資源と据付作業などの特徴を活かしつつ、新たな分野の開拓が必須の課題だったのです。そこでまだ国体特需に沸いている2006年10月に機械設備事業部を社内に新設したのです。

なぜ、機械設備の市場への進出なのでしょうか。工場や店舗などの箱モノの建設需要には季節波動があります。しかし、〝箱の中〟なら冬場でもコンスタントに仕事があるからです。しかも、保有しているユニック車や搬入・設置などのノウハウを活かすこともできます。つまり、自社の特徴を活かして隣接する新分野に進出する戦略を採ったというわけです。

S社の保有車両をみると、保有車両数は24台で、内訳は2tユニック車が3台、4tユニック車が1台、6tユニック車が4台、8tユニック車が2台、10t増トン車が12台（ユニック車8台、平ボディ車4台）、トレーラ2セットです（取材時点）。従業員数は35人ですが、現場での設置作業ができる従業員はもとより、後述するように冷凍ショーケースのメンテナンスなどができる従業員も3名います。

このような諸条件を活かせる分野への進出を図って、経営上のネックを解消し、さらなる発展をめざす、という方針を打ち出したのです。

そこで2006年10月以降は、従来の仕事に加えて機械の運搬・設置・据付などの仕事の開拓にも努めるようにしました。その結果、スポット的な仕事ながら荷主をいくつか開拓することができました。

ここで紹介する関連分野の新規の取り組みは、冷凍ショーケースの本体や冷凍機関係、配管材料などを自社で新設した倉庫に引き取り、倉庫内で組み立てをして店舗などの現場に輸送して搬入・据付までをトータルで受託する、というものです。

提案先であるこの冷凍ショーケースの製作会社との取引を開始してから、システム提案に至るまでの経緯から見ることにしましょう。

実はこの荷主との取引が始まったのは、2007年3月からです。最初は移設の輸送のみの仕事でしたが、取引を開始するとほぼ同時に、付帯工事も請けることができたのです。これはS社が建設関係の仕事をしてきたために付帯工事もできたからです。付帯工事も請けるようになると、非効率的な仕組みになっていることもすぐに分かってきました。

またS社では、機械設備関係の搬入や据付などの分野に進出して、年間を通したコンスタントな仕事を新規に獲得していくためには、汎用性を持った多目的の倉庫の建設が必要と以前から考えていました。2007年の初めには倉庫の建設を計画し、資金計画などにも具体的に着手していたのです。

そして同年7月から倉庫の建設を始めたのですが、この倉庫の建設計画の推進と同時並行して、取引を開始して間がなかったが冷凍ショーケースの製作会社に効率化の提案をしたのです。

S社の荷主である冷凍ショーケースの製造会社は、従来はショーケースの本体だけを事業者に委託して小売店の店舗などの納入現場に運んでいました。冷凍機のメーカーや配管材料など付属品の会社、作業・養生の会社では、冷凍ショーケースの製作会社からの発注に基づいて、各社がそれぞれの運送事業者を使って現場に輸送するという流れでした。このうち作業・養生機器などはS社が運ぶようになったわけです。

また、搬入先の店舗などの現場で搬入・据付などの作業は、別の事業者が行っていました（一部はS社も請けるようになっていた）。そして、現場で組立や配管、メンテナンス、作業手順の打合せなどをしていました。

このような事情のため、現場での作業の段取りに支障をきたし、レイアウトの変更などムダなコストがかかっていたのです。現場でのトラブルもあり、これらも各社のコスト負担となっていました。

そこでS社では、新倉庫の建設と同時並行で、各社からはS社の倉庫に運び（あるいはS社が引き取り）、倉庫で冷凍ショーケースを組み立てて納入現場にS社が運び、搬入・据付作業もS社が行う、という効率化提案をしたのです。

ここでメンテナンスというのは、古い冷凍ショーケースを撤去して新しい冷凍ショーケースに入れ替えるような既存店舗のケースでは、古い冷凍ショーケースを引き取って倉庫でメンテナンスするという意味です。メンテナンスした中古の冷凍ショーケースを購入する小売店もあり、そのような場合には、新規と同様に倉庫から出荷して搬入・据付を行います。このメンテナンス作業ができる従業員もS社には3名います。したがって、そのための増員は必要ありません。

このようなシステムに移行すれば、S社1社が一括請負するので、顧客の手間が省けるだけでなく、現場でのトラブルも解消します。冷凍機メーカーなどから倉庫までの輸送も、S社が引き取り輸送することで、回送車両による引き取りなど効率的な車両稼働でコスト削減も可能です。

冷凍ショーケース製作会社では、この提案を受け契約することになりました。一時保管ではなく1件当たり引き取り、組立、搬入、据付を一括した請負契約です。

古くからの荷主でも建設機材などの積み置きをなくし車両の稼働率を向上

S社では古くからの荷主にも新倉庫を活用した新たな提案をして採用されました。この荷主はS社のメインの荷主で、建設現場で使われる足場などの仮設資材や機材のリース会社です。

S社はこの荷主から、現場への資材・機材の輸送、工事が終了したらリース機材を引き取るという仕事を請けていました。この荷主はS社の他にも運送事業者を2社使っており、しかも、オーダーはスポットでした。

荷主の資材・機材の倉庫は秋田市内にあり、リース先の建設現場は秋田県内です。荷主の倉庫の関係で、積み込みは前日の16時より前、一晩積み置きして、現場へは朝一番の搬入が指定されています。

指定される車種は2～13ｔのユニック車で、繁忙期にはS社の他に2社の車両によって輸送します。引き取りは顧客の指定日時で、返却は荷主の倉庫に16時より前に入らなければなりません。引き取り現場の場所や、引き取り指定時間によっては一晩車両に積み置きして、荷主の倉庫には翌日の返却となってしまいます。つまり、現場に運ぶ時も現場から引き取る時も、土曜、日曜、祭日などが挟まると、積み置きしたままの車両を多く抱えることになり、車両効率が悪くなっていました。

そこでS社では、新倉庫建設と併行しながら倉庫への一時仮置きを提案しました。貸し出しの機材・資材の場合には、現場への納入の3日前から（実際には1週間前から）、いつでも荷主の倉庫からの積み込みを可能とし、車両指定もなし。そして現場への納入までの間、同社の倉庫で一時仮置きします。

これなら仕事を終えた帰りのトラックで倉庫までのよこ持ち輸送が可能となり、車両効率が向上します。また、土曜、日曜などにも他の仕事で車両を稼働させることができます。納入先の現場には指定車両で、朝一番の着指定で納入します。

リース機材・資材の返却は、顧客の指定日時に指定車両で引き取りに行きます。引き取った機材や資材はS社の倉庫に借り置きします。そして、現場から引き上げ後5日以内に荷主の倉庫に返却すれば良いことにして、車両指定もないようにしました。これで、返却に関しても車両の稼働率をアップすることができました。

また、建設現場の責任者との打合せなどもS社が行うこととし、荷主が現場との打合せを省けるようにもしました。

この荷主との料金などの契約条件は従来と基本的に変わりませんが、車両の稼働を効率化できるので、収益性の向上が見込めます。S社では車両稼働効率の30%アップを目標にしています。

このようにS社では、倉庫を核にして新規荷主の開拓と車両オペレーションの効率化を進めました。倉庫という考え方よりも、荷物の時間調整などによって、車両の積載率や車両回転率、実車率を向上するための手段、という位置づけが強いようです。

新倉庫では、レンタルや販売されるプレハブハウスの入出庫管理などもしています。現場で組み立て作業ができる従業員もいるので、組立も合わせて行うことができます。また、自動車のタイヤやホイールなどの取り扱いも始めました。これらは総て車両効率を向上することを目的にしています。

建設関係の機材・資材のリース会社との関係でいえば、秋田市内にある荷主の倉庫機能までS社が代行することも考えられます。もっとも、それには倉庫の増設が必要になりますが、可能性は充分にあります。

このようにS社では、スポット的な内容で、しかも季節波動の大きな仕事から、年間を通してコンスタントに売上が見込めるような業務内容への転換を図っています。

ショーケースの組立作業やメンテナンス作業などは、関連業務への進出です。これは同時に、従業員の生産性とも関連してきます。トラックの乗務しかできない人、乗務と現場での作業の両方ができる人がいますが、そこに組立などの庫内作業が加わることで、多様な業務の組合せが可能になるから

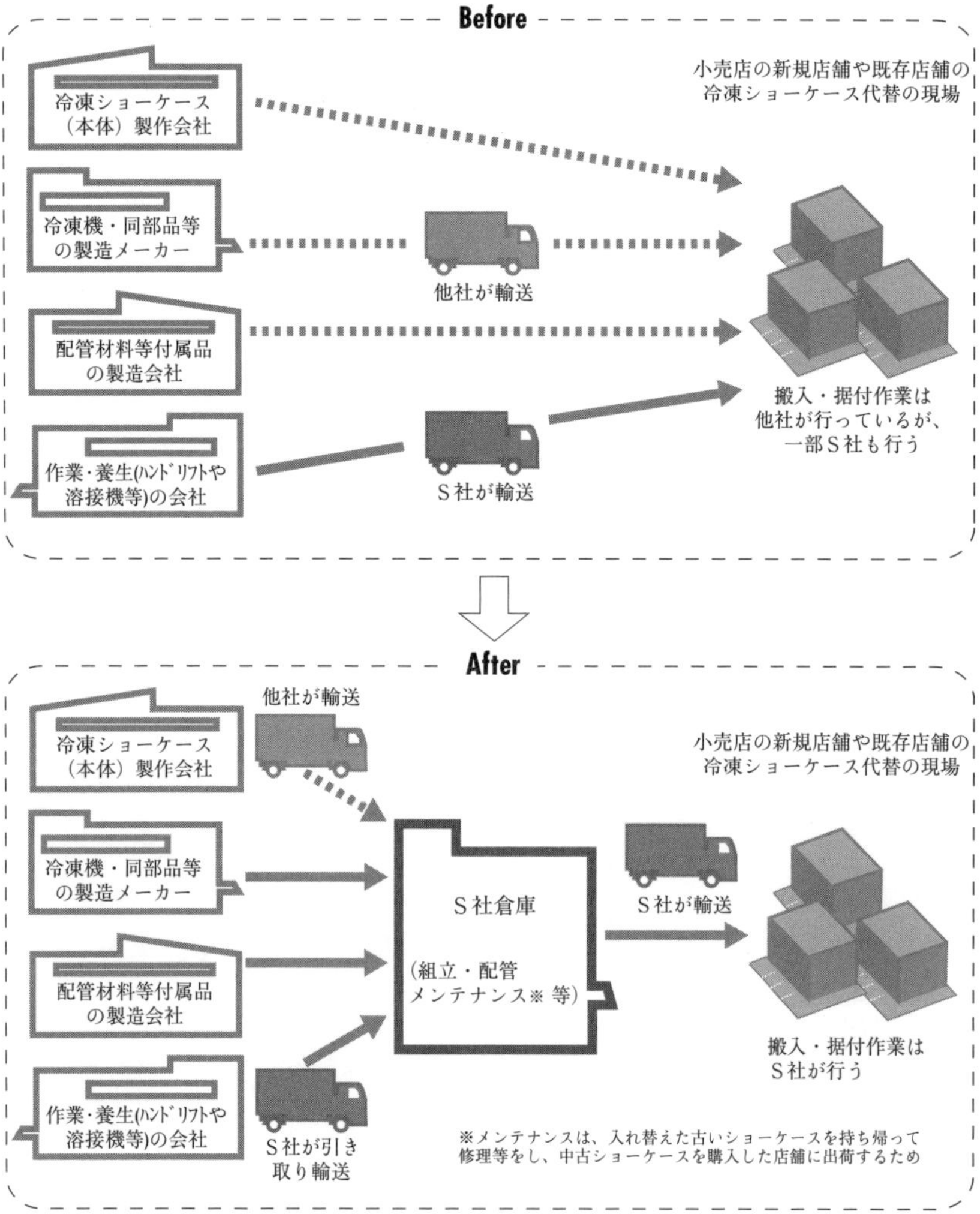
Before
冷凍ショーケース（本体）製作会社
冷凍機・同部品等の製造メーカー
配管材料等付属品の製造会社
作業・養生(ﾊﾝﾄﾞﾘﾌﾄや溶接機等)の会社
他社が輸送
S社が輸送
小売店の新規店舗や既存店舗の冷凍ショーケース代替の現場
搬入・据付作業は他社が行っているが、一部S社も行う
After
他社が輸送
冷凍ショーケース（本体）製作会社
冷凍機・同部品等の製造メーカー
配管材料等付属品の製造会社
作業・養生(ﾊﾝﾄﾞﾘﾌﾄや溶接機等)の会社
S社が引き取り輸送
S社倉庫
（組立・配管メンテナンス※等）
S社が輸送
小売店の新規店舗や既存店舗の冷凍ショーケース代替の現場
搬入・据付作業はS社が行う
※メンテナンスは、入れ替えた古いショーケースを持ち帰って修理等をし、中古ショーケースを購入した店舗に出荷するため

です。

分析とポイント

ポイント①…イベント特需がなくなる前からその後の準備

多くの人がそうであるように、人間は事態に直面しないとなかなか実感として受け止められないものです。事前に準備しておけば良いものを、その場になってから慌てて対応する、ということがしばしばあります。

しかし、S社は建設需要が年々縮小していく傾向にあり、さらに国体特需がなくなった後の反動が大きいことを認識し、特需の最中から特需後に向けた経営方針を打ち出しました。

さらに、建設関連貨物の輸送では降雪時期の需要減という宿命があります。この季節波動の影響をいかに緩和するかが、安定経営のためには重要になります。そこで、S社は需要の波動が少ないような新規事業分野への進出を図りました。

ポイント②…自社の特徴を活かせる新事業への進出

関連する新事業分野といっても、全く新しい業種への参入ではありません。自社で保有している車両が活かせる分野、自社の社員が持っている作業ノウハウが活かせる分野への進出です。

したがって、倉庫は建設しましたが、それ以外は、新分野の事業に進出するに当たっても設備投資などをしていません。このように、自社の特徴が生かせる分野への進出は重要です。

ポイント③…ビジネスの基盤である車両効率の向上に結びつける

建設用のリース機材・資材の荷主に提案して実現した新しいシステムでは、出荷や引き取りの場合の作業上の条件は変えましたが、運賃料金などの契約条件は変えていません。しかし、作業の条件を変えることで、車両の稼働効率が大きく違ってきます。

積み置きしている車両があれば、経営資源を寝かせておくことになります。経営資源であるトラックをフルに稼働できるようになれば、収益性はずっと向上します。運賃・料金を変えなくても、作業条件を変えれば利益が違ってくるのです。

3 使用済みストレッチフィルムの再利用販売で実車率も向上

和歌山県田辺市のT社が、運送業で使用する必需品の販売なら、自社もユーザーの1人なのでニーズが良く分かる……ということから、ストレッチフィルの輸入販売を始めたのは約7年前でした。さらに2007年からは使用済みのストレッチフィルムを、プラスチックの原料として再利用するための販売事業にも着手しました。それによってトラックの実車率を高めるとともに、収益性の向上にも取り組んでいるのです。

T社が、運送業務に必要なストレッチフィルムの販売を開始した背景や、さらに使用済みストレッチフィルムをプラスチック原料として販売する事業に取り組んだ経緯などから見ることにしましょう。

経営環境の変化に対応出来なければ事業拡大は図れない

T社の設立は1970年です。運送業を開始した当初は、地元から産出される木材の運送が主な輸送荷物でした。

しかし、木材市場は輸入木材の増加に押されて、地元からの木材の輸送量は年々減少し続けてきました。そこで木材の輸送だけを行っていては事業の発展は望めないので、30数年前から、地元のＪＡ関係の仕事へのシフトを図りました。設立から約7年で荷主転換に取り組んだのです。同社が輸送対象としたＪＡの荷物はミカンと梅です。梅は梅干しではなく生の梅を地元から各市場に輸送する仕事です。

この荷主転換には成功しましたが、やがて荷主であるＪＡ自体も過度期を迎えることになりました。たとえば主力の輸送品目の1つであるミカンは、この間、柑橘類の輸入の増加とも相まって消費者の嗜好の多様化も進んできました。つまり紀州ミカン自体も市場での競争が激しくなってきたのです。

一方、生産者であるミカン農家も変容しつつあります。生産農家では高齢化が進行し、ミカン畑（土地）を売りにだしたり、あるいは他の生産者に貸してミカン生産を続けてもらったりするような現象が起きてきました。このような傾向の中で、ＪＡもその仲介をするなどの役割を果たしています。

また、農業は以前と同様に続けているものの、ミカン価格が下落した時期にミカンの生産から梅の生産に切り替えた農家もあるといいます。先述の通り梅はＴ社のもう1つのＪＡ関係の輸送品目です。ところが、ミカンから梅の生産に転換した農家がでてきたために、今度は梅の生産量が増加し過ぎるという結果をもたらしました。さらに梅干しなど梅の需要は伸び悩んでおり、これらの需給関係から梅の価格が下落しつつあります。

このようにミカンにしても梅にしても市況が厳しく、トラック運送事業者の運賃にもマイナス影響を及ぼす、という構造になっているのです。

T社の現社長は2代目で、10数年ほど前から実質的には経営を任されてきました。実質的に経営を任される以前から、運送業に対する危機感を持っていたといいますが、実際に経営に携わるようになると、運送だけでは限界があると感じたのです。

木材輸送からスタートして、約7年でJA関係の仕事に転換を図り20数年が経過していました。そこで経営を任されるようになってから、新しい事業分野への進出を試みてきたのです。たとえば青果物の輸入販売などにも挑戦しましたが、結果的には失敗しています。輸入などに関するノウハウがなかったのも失敗の一因です。

そこで、7年ほど前に大阪府や大阪市などが貿易振興のために支援する機関の会員となり、専門のアドバイザーの指導を受けることにしました。和歌山県の企業であっても会員になることができたからです。このようなことから、T社は日本貿易振興機構（ジェトロ）、大阪国際ビジネス振興協会、大阪国際経済振興センターの会員にもなっています。

7年前からストレッチフィルムの輸入販売を開始

T社では、専門のアドバイザーの指導を受けながら、ストレッチフィルムの輸入販売を7年前から始めました。ではなぜ、ストレッチフィルムなのでしょう。

ストレッチフィルムは荷崩れ防止などのために運送事業者が使用する、いわば運送業務の必需品だからです。自社もユーザーの1社であるため、購入して使う側のニーズが分かります。安くて品質の良い製品を販売すれば伸びるだろう、と考えたのでした。

また、経営基盤であるトラック運送事業の延長のビジネスであることも、大きな理由の1つです。運送業に全く関係のない事業分野に進出することは、ゼロからのスタートで、起業と同じです。それぞれの分野には固有のノウハウが必要になります。

したがって運送の限界を破るために新事業に進出するといっても、運送業の延長としての事業の方が堅実性があります。さらに、新事業も経営基盤であるトラック運送に相乗効果をもたらすような内容の事業が、投資効果からみても良いと判断したのでした。

このようなことから、最初はマレーシアの会社からストレッチフィルムの輸入を始めました。その後、マレーシアの会社との取引を止めて、輸入先をインドネシアの会社に代えています。

大阪港に40フィートコンテナ（1回に1本）で輸入し、トレーラでドレージするのではなく、大型車で引き取りに行ってデバニングし、自社まで運んでいます。輸入先の会社とは最初はL／Cで決済していましたが、現在では電信送金で支払いを行っています。

T社が販売しているストレッチフィルムは、幅50㎝×長さ300ｍで厚さは16ミクロンの製品のみです。これは自社で実際にストレッチフィルムを使用してきた中から、経験的に一番使いやすい製品に絞り込んだ結果だそうです。

ストレッチフィルムの販売対象はトラック運送事業者で、販売先開拓の方法は、まずダイレクトメールを送付して希望先にはサンプルを送る、という手法です。このDMによる顧客開拓に、現在ではインターネットによる販路開拓の手法も加わりました。その結果、この7年間に取引先が300社を超えています。

ストレッチフィルムの取引先は、和歌山県内の事業者はもとより、関東、中部、関西、中国、四国、九州となっており、関東圏より西の広域に分布しています。取引先からのオーダーはFAXによるものが主で、注文を受けると遠方の取引先には路線便を利用して製品を送るという方法です。

このように7年前からストレッチフィルムの販売を始めたことで、売上構成は運送事業収入が約60%、ストレッチフィルムの販売収入が約40%となっています。このうち運輸部門は、トラックの保有台数が大型冷凍ウィング車3台、大型ドライウィング車6台、4t平ボディ車1台の計10台（取材時点）。従業員数は正社員が12人とアルバイトが5人です。

販売しているストレッチフィルムは1種類のみですが、原油高などの影響でこの間に仕入れ原価が高騰しています。反面、販売面では価格競争が激しくなっているために、仕入れ価格が上昇しても販売価格に転嫁するのは難しいのが現状です。したがって利益率は下がっています。

このような背景もあって、現在行っている事業に相乗効果をもたらすような、新たな事業の創造が必要になってきたのです。そして2007年から事業化したのが、多くの事業者が産業廃棄物処理業者に処理を依頼している使用済みストレッチフィルムを、プラスチックの原料として再販売する仕組みです。

使用済みのストレッチフィルムを産廃業者に処理費を支払って処理してもらっていた運送事業者からすると、処理費がいらなくなってコストダウンになります。T社にとってはプラスチックの原料メーカーに使用済みのストレッチフィルムを原料として販売しますから、販売収入が入ります。それだけではなく、従来は空車走行をしていたトラックで、使用済みストレッチフィルムをプラスチック原料メーカーの工場まで運ぶようになるため、空車走行率を下げることができます。

このような相乗効果から収益性も向上するという経営改善計画です。

県の指導も得て産廃事業には該当しない仕組みに変更

T社の最初のプランでは、プラスチック原料メーカーの協力を得て使用済みストレッチフィルム処理用のプレスを開発。使用済みストレッチフィルムを排出する取引先にそのプレスを購入（約50万円）してもらい、圧縮した使用済みストレッチフィルムをドラム缶につめて回収してプラスチック原料メーカーの工場に持ち込む、というものでした。それでも使用済みストレッチフィルムの処理を産廃事業者に委託するコストよりは3分の1程度にまで費用削減できるという試算だったのです。

しかし、主たる顧客となるトラック運送事業者にプレス機を購入してもらうのは、非常に厳しい状況です。そこで、次に考えたのが既製品のフレコンバッグを貸し出して、その中に使用済みのストレッチフィルムをつめておいてもらい、それを回収するという方法です。この時に、使用済みストレッチフィルムを有料で回収すると産廃事業に該当するので、フレコンバッグを有料で貸し出し、その収入で収集運搬に該当するコストを総て吸収してしまい、プラスチック原料メーカーに原料として買い取ってもらうことで利益を得る、というものでした。

このプランを和歌山県の担当部署に説明して相談したところ、県の見解ではダメという結果になりました。県の指導によると、使用済みストレッチフィルムの排出者には、どのような形であったにせよ一切費用を負担させてはいけないというものでした。取引先（排出者）がT社に持ち込んできてもダメです。

つまりフレコンバッグを賃貸するといったような、どのような方法であっても、有償行為が伴えば産廃事業に該当してしまう。S社が無料で排出先に引き取りに行き、排出者には全く費用を負担させない場合だけ、産廃事業に該当しないという見解だったといいます。

そこで同社では当初のプランを大幅に変更し、使用済みストレッチフィルムの排出者には一切の費用負担をかけず、プラスチック原料としてメーカーに販売する金額で総てのコストを吸収し、一定の利益も得るという仕組みに再構築したのです。しかし、結果的にはこれが奏功しました。使用済みストレッチフィルムの排出者にとっては、これまで費用を払って処分してもらっていたのが、費用負担が一切なくなります。したがって、無償ということが同社の営業において有利な条件となり、取引先開拓を促進する効果をもたらすことになったのです。

そんな面倒なことをしなくても、産業廃棄物収集運搬の許可を取ってしまえば話が早いのではないか、と考える向きもあろうかと思われます。なぜT社では産廃事業に抵触しない方法に拘るのでしょうか。

たしかに産業廃棄物収集運搬の許可を得れば、回りくどい手法をとる必要がありません。しかし、それでは産業廃棄物収集運搬の事業に新たに参入するだけのことに過ぎません。

取引先にはすでに以前から委託していた産廃事業者がいます。そこに営業開拓するとなると、新規に取引を開始する方法としては価格政策しかないことになってしまいます。そこでT社は、産廃の収集運搬に参入するのではなく、あくまで運送事業の延長としてのニッチビジネスとして事業を展開したい意向なのです。

まずストレッチフィルムの販売先を回収対象としてアプローチ

周知のように運送事業者はパレットに荷物を積んで輸送するような場合、荷崩れを起こさないためにストレッチフィルムを巻くことが多いのですが、輸送した後は2つのパターンがあります。1つは着荷主にそのまま納品すればよいケースです。この場合は着荷主側が使用済みフィルムの処理をすることになります。もう1つは納品時にフィルムを剥がして事業者が持ち帰るケースです。この場合には使用済みストレッチフィルムの処理は事業者が行うことになります。

したがって後者のケースでは、T社からストレッチフィルムを購入している事業者が使用済みストレッチフィルムの回収対象になります。T社からストレッチフィルムを購入してターミナル間の幹線輸送に使用している路線事業者もありますが、これらも回収対象となります。

回収の仕組みは、使用済みストレッチフィルムを詰めるフレコンバックを回収先に置いておき、フレコンバッグ単位で回収します。フレコンバッグは円筒形で直径90㎝×高さ1m25㎝の布製です。このフレコンバッグはプラスチック原料メーカーの所有で、T社の資産ではありません。

仕組みは、使用済みストレッチフィルムがフレコンバッグ一杯になったら連絡をもらい、空のフレコンバッグを持っていって、一杯になったフレコンバッグを回収してくるというものです。回収してきた使用済みのストレッチフィルムは、そのままプラスチック原料メーカーの和歌山工場に持ち込んで購入してもらっています。

T社がこのサービスを開始すると、ストレッチフィルムを購入している運送会社だけではなく、地場産業の梅干し製造会社からも引き合いがきました。梅の原料が入っていた使用済みポリ袋の回収などです。

ポリ袋もストレッチフィルムと基本的には同じ素材（PE＝ポリエチレン）なのでその点では問題はないのですが、梅の臭いが付着しています。プラスチック原料として購入するメーカーでは、さらにプラスチック原料として中国ルートで海外に販売しているのですが、同じ素材でも臭いがついているとバーゼル条約に抵触してしまいます。

バーゼル条約とは正式には「有害廃棄物の国境を越える移動及びその処分の規制に関するバーゼル条約」といい、臭いが付着していると廃棄物となって、原料輸出とは見なされなくなってしまうのです。

そこでT社では梅の原料が入っていたポリ袋については、無償回収後に自社の倉庫内で一定の大きさに破砕し、木酢液に浸して臭いを消してからプラスチック原料メーカーの工場に運んで販売するようにしています。

梅干し工場からはポリ袋だけではなく、さらに梅を干すときに使用するプラスチック製の「垂る（または蒸籠）」の使えなくなったものも出てくるようになりました。これは素材的にはPEではなくPP（ポリプロピレン）ですが、同じプラスチック原料メーカーの和歌山工場に販売できます。

新事業の相乗効果として空車率の改善が進む

回収先の開拓が進んでいるとはいえ販売収入で利益を得るには大変です。運送の帰りの車両で回収し、大阪方面に空車で荷物を引き取りに行っている車両でプラスチック原料メーカーの和歌山工場まで運んでいるから、収支的にも何とかなっています。

とはいえ、空車率の改善という相乗効果はすでに出ています。これはT社の現状の輸送状況と関連しているので、トラックの稼働状況と新事業による空車率改善との関係をみることにしましょう。

同社のトラック保有台数は10台です。地元からの荷物としてはミカンと梅が主になっています。ミカンの場合には大阪、名古屋、新潟、広島の市場への輸送が多いのですが、荷動きとしては繁閑の差があります。ミカン輸送のシーズンは9月下旬から翌年の4月いっぱいです。梅の輸送は、ほとんどが東京の市場への輸送です。シーズンは5月と6月になり、ピーク時には自車両だけでは足りず傭車に委託もしています。

これらミカンや梅の輸送では、帰り荷の確保にも努めています。また帰り荷という位置づけとは別に、大阪や神戸から地元に運ぶ固定的な荷物も持っています。大阪からはビール、神戸からは魚の餌などの荷物です。地元から大阪や神戸などへの荷物がある場合には、その帰りのトラックでビールや魚の餌を運んで来ることができるので実車率が良くなります。しかし、問題は地元発の関西方面への荷物がない場合です。ビールや魚の餌は年間を通してコンスタントに荷物があるので、大阪や神戸方面への地元発の荷物がない時には、空車で荷物を引き取りに行っていました。

この空車で引き取りに行っているトラックに往きの荷物を確保することは、実車率を高め、収益性を向上することに直結してくるのです。このような状況から、使用済みストレッチフィルムを田辺市からプラスチック原料メーカーの和歌山工場（高速を使って約1時間）まで運ぶことは、空車率の改善につながるのです。

使用済みストレッチフィルムを無料回収する先を拡大することが今後の課題ですが、やみくもに回収先を増やせばよいというものではありません。回収にコストをかけないことが重要だからです。

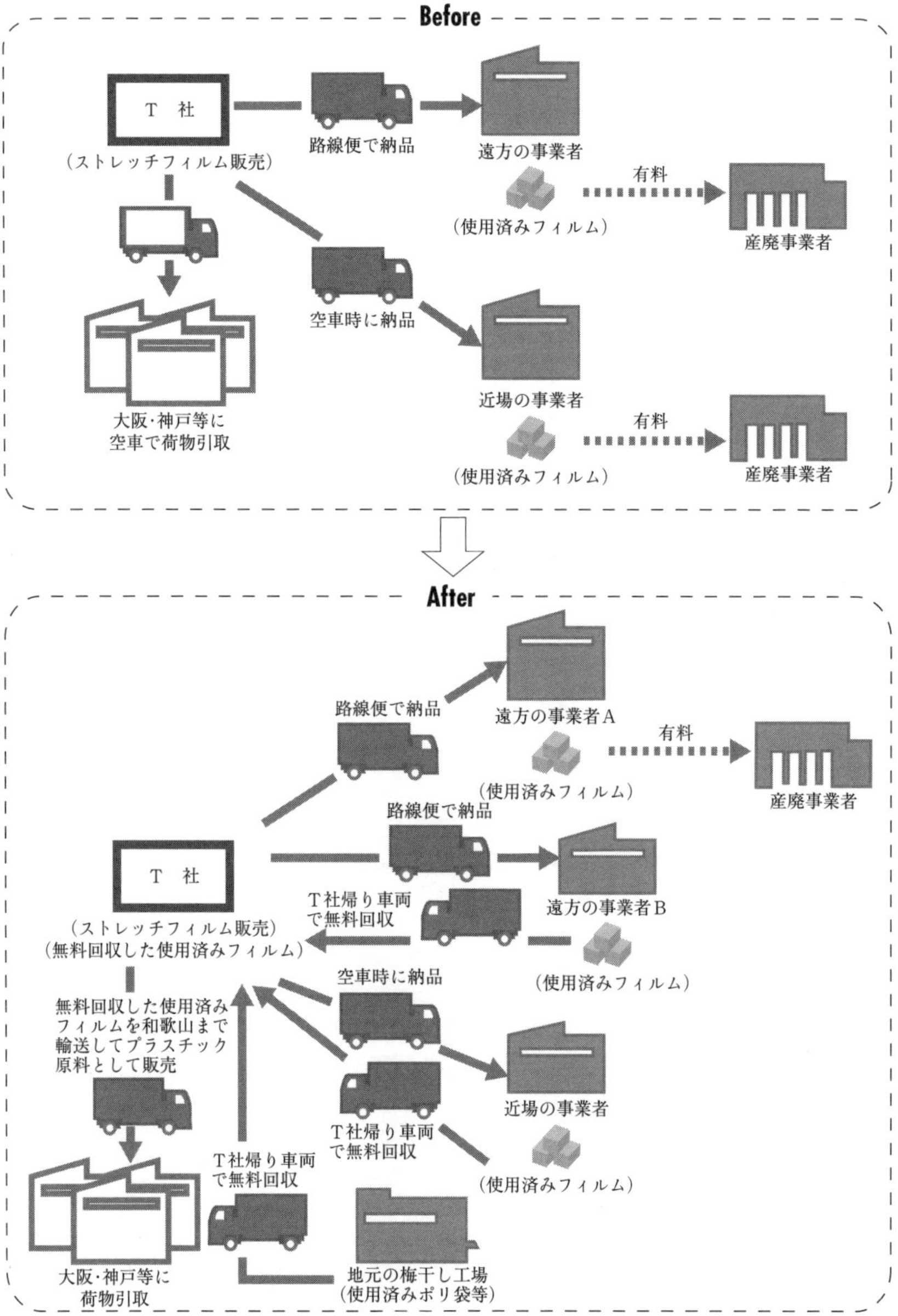
Before
T 社
（ストレッチフィルム販売）
路線便で納品
遠方の事業者
有料
（使用済みフィルム）
産廃事業者
空車時に納品
近場の事業者
有料
（使用済みフィルム）
産廃事業者
大阪･神戸等に
空車で荷物引取
After
路線便で納品
遠方の事業者A
有料
（使用済みフィルム）
産廃事業者
路線便で納品
T 社
（ストレッチフィルム販売）
（無料回収した使用済みフィルム）
T社帰り車両
で無料回収
遠方の事業者B
（使用済みフィルム）
空車時に納品
無料回収した使用済み
フィルムを和歌山まで
輸送してプラスチック
原料として販売
近場の事業者
T社帰り車両
で無料回収
（使用済みフィルム）
T社帰り車両
で無料回収
大阪･神戸等に
荷物引取
地元の梅干し工場
（使用済みポリ袋等）

T社では現在、使用済みストレッチフィルムをフレコンバックで回収して、そのままプラスチック原料メーカーの和歌山工場に持ち込んでいます。しかし、回収量の増加に伴いフィルムを圧縮するプレス機（約100万円）の購入も計画しています。

これは自社から和歌山までのトラックの積載効率（販売金額換算）を向上させるためです。プレスすると3分の1から4分の1以上に圧縮できます。現在のように回収したままで運ぶよりも、売値にすると3倍から4倍の販売価格の荷物を運べるようになるのです。さらにプラスチック原料メーカーの工場で行う1工程分を同社の方で行うことになるので、販売価格も高くなります。

T社ではこのような新事業を通して空車率をこれまでの40％から20％まで改善し、営業利益も2倍に増やす計画です。

分析とポイント

ポイント①…関連事業には以前から進出

T社は、地元経済と関わりの深い荷物の輸送を行ってきました。地元産業も時代によって変化してきましたが、同じようにT社の取り扱う荷物も移り変わって来たのです。

そのような中で、運送事業だけでは事業の拡大が望めないとして、以前から関連事業に進出しました。新しい分野の事業を始めるに当たっては、さまざまな試行錯誤があったようです。そのような紆余曲折を経ながら、ストレッチフィルムの輸入販売を始めたのです。ストレッチフィルムなら、自社もユーザーの1社なので、ニーズが分かるというのがその理由です。

ポイント②…関連事業と環境負荷軽減のニーズ

T社が新たに進出したのは、使用済みのストレッチフィルムの回収と、プラステック原料としての販売事業です。するとニーズは他にもありました。地場産業である梅干しの製造工場から、原料が入っていた使用済みのポリ袋の処分です。T社からすると回収と、プラスチック原料としての販売ということになります。

さらに梅干し製造工場からは、ポリプロピレンの廃プラスチックの処理という要望も出てきました。現在では、この廃プラの分野で仕事がかなり増加してきているそうです。

ポイント③…保有車両の実車率の向上に貢献

T社の主要な輸送品目はミカンと梅です。いずれも農産物ですから、シーズン性があります。運送事業者からすれば、荷物に季節波動があるということになります。

一方、帰り荷は工業製品ですから年間を通してコンスタントに荷物があります。すると、発の荷物がない時期には空車で引き取りに行って、本来は帰り荷という位置づけだった荷物を積んで帰ることになります。

しかし、関連する新事業に進出したことで、実車率を向上することになりました。

まとめとして

はじめにでも書きましたように、当著は収益向上に取り組んでいる中小トラック運送事業者の具体的事例の紹介を中心にまとめました。

それにしても、さまざまな創意工夫をして努力している中小トラック事業者はいるものです。残念ながら、トラック運送事業者は一般的に知恵を出さない、と思われています。とくに中小事業者は荷主や元請け事業者の言うがままに動いているだけだ、という既成の概念が強く支配しています。しかし、そんなことはありません。

ここで紹介した以外にも、それぞれ自社の諸条件を踏まえて、収益を向上するために頑張っている中小トラック運送事業者は決して少なくないのです。ただ、そのような実態があまり広く知られていないだけです。

創意工夫をして努力している中小事業者の姿の一端が、本書によって少しでも多くの人に知っていただけたら幸いです。そして、本書で紹介した事例から何らかのヒントを得て、経営改善に取り組む事業者が増えてくれれば、さらに嬉しいことです。

ここでは、本書全体のまとめの意味も込めて、中小トラック事業者が収益を向上するための要点を簡単にまとめておきましょう。

タイプ別分類とはやや異なった切り口になるのですが、ポイントは以下のようになります。

〈1．地元経済の特徴を知ること〉

これは地場産業密着型のところでも書いたのですが、地方の中小事業者の場合、発の荷物は限られた地域から見つける以外にありません。営業区域規制がなくなりましたから、どこから荷物を積んでもかまいませんが、発の荷物では効率面からみても地元の荷物を開拓することが一番良いのです。

そして、地元の荷物を開拓するには、地元の経済を良く知ることが必要です。自分のマーケットを知ることです。

地元の産業などがあまりない中山間地域などでは、自ら運ぶ荷物を創造するような努力も必要になってきます。異業種との連携などによって地元の活性化を図る中から新たな荷物を創造することも方策の1つです。その際に「地産地消」などもキーワードの1つといえます。

〈2．主要荷主の特徴を知ること〉

地元の経済的特徴を知ることと、自社の主要荷主の特徴を知ることは基本的に同じです。主要荷主の物流を調べ、分析して課題や問題点を良く知ることで、新しい業務受託の可能性が拡がってきます。

主要荷主のところに運ばれてくる原材料その他、荷主の取引先などに目を向けることも重要です。たとえば工場に原料を納品しているとします。すると、その工場で製造された製品物流があります。製品を入れる容器を納入している会社もあります。あるいは搬送用の通い箱や、工場から排出される廃棄物などもあります。このように荷主の特徴を知ることで関連する仕事に結びつく可能性がでてきます。

〈3．流通構造などの変化を知ること〉

地元経済や主要荷主だけではなく、もう少し広い範囲で、ある市場の変化を知ることも重要です。これまでは当たり前だった商慣習や流通構造も、永遠に不変ではありません。ですから、それらの変化をとらえれば、新しいサービスを創造することができます。

また、流通構造の変化を知ることで、どのような業種のどのような企業と取引すれば自社の将来にとって良いのか、ということも見えてきます。そのような荷主を獲得するにはどのようなサービスが良いのか、どのようにアプローチすれば良いのか、とつながってきます。

〈4．現場の実態を良く知ること〉

自社の従業員が働いている、現場の実態を経営者や管理者が良く知ることが重要です。現場を知ると言うことは、現状をあるがままに肯定することではありません。現場で日常的、常識的に行われていることを疑うのです。もっと良い方法があるはずだという視点から観察することです。すると、荷主に提案する効率化の方向がでてきます。

〈5．自社の得意分野を知ること〉

自社の得意分野を知ることで、自社の特徴を活かすサービスが創造できます。自社の得意分野は経営資源と不可分の関係にありますので、経営資源をより有効に活かすということにつながります。リスクの伴う投資をできるだけしないで、収益を高める方法を考えるのが利口なやり方です。

そして、自社の経営資源で足りなければ、同業者と業務提携するのも方策の1つです。互いの経営資源を有効に活かすアライアンスも選択肢なのです。

〈6．倉庫や物流センターの有効な活かし方を知ること〉

本書の中で物流センターを建設した事例が何社かでてきました。既存の倉庫やセンターの活用も含めて、紹介した事例に共通しているのは何でしょう。

倉庫やセンターは、運送事業の経営基盤であるトラックの輸送効率化のための手段、と位置づけていることです。運送会社の場合には、倉庫やセンターを車両の生産性を高めるための手段、と認識することが収益性の向上につながります。

〈7．他社が行っていない分野を知ること〉

付加価値を高めるには他社が行っていない独自のサービスを考えることも重要です。たとえ多数の事業者が同じように行っているサービスであっても、何かを一工夫することで独自性を持たせたサービスの創造が可能です。他社にはない独自のサービスがあれば、正面からの競争を避けることができます。また、知的財産の保全も必要な時代になってきています。

〈8．制約要件を跳ね返す気概を経営者が持つこと〉

収益性を向上して経営改善を進めるには、何と言っても、まず経営者に挑戦する気概がなければダメです。

会社が現状のままで良いと考えている人はいないでしょう。だが、多くの経営者は「中小企業ではムリ」とか「荷主の制約条件があるからムリ」などと、最初から出来ない要件を並べて、現状に甘んじています。しかし制約要件のない企業などありません。制約要件を跳ね返す気概と、どのようにしたら制約要件を乗り越えられるか、と考えることが出発点になります。

筆者は、これからも新しい事例を探して取材を続けます。今後とも取材などへのご協力をお願いする次第です。

2009年10月9日（「トラックの日」に）

著　者

参考文献

（有）物流ジャーナリスト倶楽部発行
〝Ｍ Ｒｅｐｏｒｔ〟（２００７年１月号～２００９年７月号）
（社）全日本トラック協会発行
「事例から学んでチャレンジしよう！」（２００７年９月）
「中小トラック運送事業の収益向上のためのインセンティブ施策助成事業事例集」（２００８年10月）
森田富士夫『トラック運送企業のマネジメント』（白桃書房、２００５年）
湯浅和夫『物流とロジスティクスの基本』（日本実業出版社、２００９年）
中田信哉『運輸業の市場開拓と競争』（白桃書房、２００９年）
齊藤実・矢野裕児・林克彦『現代ロジスティクス論』（中央経済社、２００９年）

著者略歴

森田富士夫（もりた・ふじお）

1949年　茨城県常総市（旧水海道市）生まれ

物流ジャーナリスト、日本物流学会会員

主な著書

『物流企業「勝ち組」へのキーワード』　プロスパー企画、2002年

『メール便戦争―１兆円市場をめぐる攻防―』　プロスパー企画、2003年

『トラック運送企業のマネジメント―経営戦略に関わる実証的研究―』

その他多数　白桃書房、2005年

共著

『新物流実務事典』「第２部16章消費者物流」担当

産業調査会事典出版センター、2005年

外国語版

中国語版『物流企業「勝ち組」へのキーワード』

（許京＆孫庚訳）電子工業出版公司、2005年

韓国語版『トラック運送企業のマネジメント』

（趙 哲彙監修・訳）韓国物流新聞社、2008年

■トラック運送企業《うんそうきぎょう》のイノベーション

―新サービス創造に関する実証研究―　〈検印省略〉

■発行日――2009年11月16日

■著　者――森田富士夫《もりたふじお》

■発行者――大矢栄一郎

■発行所――株式会社　白桃書房《はくとうしょぼう》

〒101-0021　東京都千代田区外神田5-1-15

☎03-3836-4781　Ⓕ03-3836-9370　振替00100-4-20192

http://www.hakutou.co.jp/

■印刷・製本――株式会社シナノパブリッシングプレス

©Fujio Morita 2009　Printed in Japan　ISBN978-4-561-74185-5 C3063

JCOPY　〈㈳出版者著作権管理機構 委託出版物〉

本書の無断複写は著作権法上での例外を除き禁じられています。複写される場合は、そのつど事前に、㈳出版者著作権管理機構（電話 03-3513-6969、FAX 03-3513-6979、e-mail：info@jcopy.or.jp）の許諾を得てください。

落丁本・乱丁本はおとりかえいたします。

森田　富士夫【著】

トラック運送企業のマネジメント

経営戦略に関わる実証的研究

現在，トラック運送企業を取り巻く経営環境が激変している。本書は，ジャーナリストである著者が綿密な取材に基づき，具体的に成功事例を紹介。厳しい環境下において，業績を伸ばす経営戦略をわかりやすく伝授する。

ISBN978-4-561-74165-7　C3063　A5 判　224 頁　本体 1905 円

株式会社
白桃書房

（表示価格には別途消費税がかかります）

中田　信哉【著】

運輸業の市場開拓と競争

トラック業のサービス・マーケティング

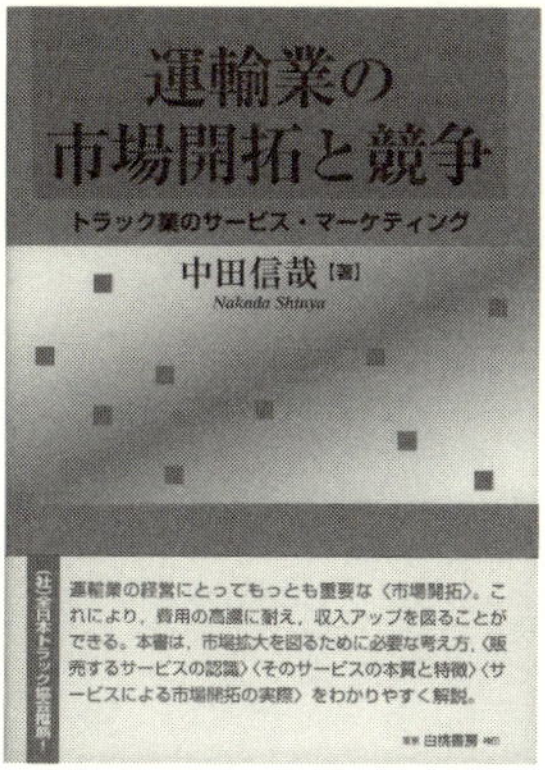

運輸業の経営にもっとも重要な市場開拓。これにより，費用の高騰に耐え，収入アップを図れる。本書は，市場拡大を図るために必要な考え方，販売するサービスの認識，そのサービスによる市場開拓の実際をわかりやすく解説。

ISBN978-4-561-76180-8　C3063　A5 判　184 頁　本体 2500 円

株式会社
白桃書房

（表示価格には別途消費税がかかります）

齊藤　実【編著】
3PLビジネスとロジスティクス戦略

いま3PL（サードパーティ・ロジスティクス）という新しいビジネス形態が注目されている。本書は，物流事業者，一般企業の物流部門担当者または研究者を対象に，3PLを現状分析とケーススタディの観点から論述。

ISBN978-4-561-76157-0　C3063　A5判　292頁　本体3200円

株式会社
白桃書房

（表示価格には別途消費税がかかります）